Ursula Baumgardt

Kinderzeichnungen - Spiegel der Seele

*Kinder zeichnen
Konflikte ihrer Familie*

Kreuz Verlag

7 8 9   96 95

© Kreuz Verlag AG Zürich 1985
Umschlaggestaltung: HF Ottmann
Nachweise: Das Märchen »Die Heckentür« (S. 26f.) aus Vilma Mönckeberg:
Die Märchentruhe, © 1968 Verlag Heinrich Ellermann, München. Raum-
schema nach Michael Grünwald (S. 90), aus Karl Koch: Der Baumtest,
© 1969 (4. Aufl.) Verlag Hans Huber, Bern. Der Abdruck erfolgt mit
freundlicher Genehmigung der beiden Verlage.
ISBN 3 268 00028 2

Inhalt

Vorwort   7

Einführung   9

Das Kind als Stellvertreter der Mutter   15
*Ein Junge übernimmt
die Lebensängste seiner Mutter*

Das Kind als Opfer des Vaters   35
*Ein Mädchen hat unter der Neurose
seines Vaters zu leiden*

Das Kind als Seismograph der Familie   51
*Ein Mädchen nimmt zuerst
die gescheiterte Ehe seiner Eltern wahr*

Das Kind als Rebell der Familie   87
*Ein Junge sprengt
den emotionalen Käfig seiner Eltern*

Nachwort   119

Literatur   123

Vorwort

Dieses Buch ist aus dem Umgang mit Kindern in meiner analytischen Praxis entstanden. Es ist in der Absicht geschrieben worden, einen Beitrag zum besseren Verständnis des Kindes zu liefern und gleichzeitig aufzuzeigen, wie hilfreich Psychotherapie gerade im Kindes- und Jugendalter sein kann. Sich anbahnende neurotische Fehlentwicklungen lassen sich in dieser frühen Lebensphase rascher in gesunde Bahnen lenken, als dies in späteren Lebensabschnitten möglich ist. Das Kind ist in jeder Beziehung noch flexibler als der Erwachsene, allerdings auch abhängiger. Es nimmt die Konflikte der erwachsenen Umgebung unbewußt wahr und kann sich dagegen nicht schützend abgrenzen, sondern muß sie auf eine ihm gemäße Art austragen. Daher ist Psychotherapie mit Kindern nur sinn- und wirkungsvoll, wenn auch die Eltern daran teilnehmen, um ihren krankmachenden Anteil zu erkennen und um ihrerseits das zur Gesundung des Kindes Notwendige beizutragen.

Dieses Buch hätte ohne die Einwilligung der betreffenden Kinder und deren Eltern oder desjenigen Elternteils, der das Sorgerecht für das Kind hat, nicht entstehen können. Dafür danke ich allen Beteiligten sehr herzlich, insbesondere Barbara, Elisabeth, Michael und Markus. Es versteht sich von selbst, daß die Vornamen von mir verändert worden sind und der familiäre Rahmen so dargestellt worden ist, daß die einzelnen Familien für den Leser nicht erkennbar sind. Die aufgezeichneten vier Kinderschicksale stehen stellvertretend für unzählige andere – ebenso der psychotherapeutische Verlauf.

Es ist versucht worden, die jeweilige Anfangssituation, den familiären Kontext, den Verlauf der Therapie – insbesondere durch Interpretationen von in der Therapie entstandenen Zeichnungen – und die Interaktion, also die Wechselbeziehung zwischen Analytikerin und Kind sowie dessen Eltern, in einer auch dem interessierten Laien zugänglichen Sprache zu schildern. Daher eignet sich das Buch nicht nur für Psychotherapeuten, Psychologen und Studenten, sondern ebenso auch für Eltern, Kindergärtnerinnen, Lehrer, Kinderärzte, Juristen und weitere am Kind interessierte Berufsgruppen.

Ein ganz besonderer Dank gilt dem Kreuz Verlag, der sich spontan bereit erklärt hat, das Kostenrisiko der Wiedergabe so vieler farbiger Zeichnungen einzugehen.

Zum Schluß danke ich Ingrid, Antje und Marianne, von denen ich in manchen Gesprächen während der Entstehung dieses Buches wertvolle Anregungen und Hinweise erhalten habe.

Zollikon, im April 1985

Ich möchte der 2. Auflage den Hinweis beifügen, daß inzwischen zwei der vier Kinder, die in diesem Buch zur Sprache kommen, bereits in ihrer Berufsausbildung stehen: Barbara wird Kinderkrankenschwester, und Michael besucht nach abgeschlossener Berufslehre nun die Kunstgewerbeschule, um sich einem künstlerischen Beruf zuzuwenden. Elisabeth trägt immer noch schwer an den Folgen des sexuellen Mißbrauchs.

Zollikon, im November 1988

Einführung

Alle Kinder zeichnen.
Wo Papier und Farben fehlen, zieht das Kind Furchen in die weiche Erde, ritzt mit dem Stein auf dem Pflaster oder mit dem Nagel an der Wand, notfalls mit den Fingernägeln in die Tapete. Im Laufe seiner Entwicklung verliert es häufig den unverstellten Zugang zu spontanen Äußerungen von emotionalen Erlebnissen. Eine einseitige Betonung der intellektuellen Entwicklung läßt schöpferischen Phantasiekräften kaum mehr Raum zur Gestaltung, so daß die Fähigkeit, Emotionalem Ausdruck zu verleihen, immer mehr verkümmert und in unserer Kultur dem Künstler überlassen wird. Die Schulung des Wortes ersetzt die anderen Ausdrucksmöglichkeiten. Daß diese Entwicklung zur Verarmung des Menschen führt, wird all jenen täglich von neuem deutlich, die sich auf das Kind und seine Art, sich auszudrücken, einlassen können. Sein Reichtum an Mitteilungsmöglichkeiten scheint manchmal fast unbegrenzt zu sein.

Dem Erwachsenen sind diese Möglichkeiten weitgehend abhanden gekommen, er muß sich – wenn er das will oder sich dazu genötigt sieht – erst wieder mühsam über das Bewußtsein einen Weg dazu bahnen. Meistens beschränkt er sich auf den Genuß der Aussagen von Künstlern – wenn er sich diesen überhaupt noch öffnen kann. Kritzeleien entstehen ihm hin und wieder einfach beispielsweise beim Telefonieren oder bei einem langweiligen Vortrag. Wo Worte einen Sachverhalt nicht genügend verdeutlichen, wird manchmal zur Erklärung rasch eine Skizze erstellt.

Das Kind hingegen teilt sich in seinen Kritzeleien, später in seinen Zeichnungen und Bildern mit. Das Zeichnen ist ein ursprüngliches Ausdrucksmittel, dessen Sprache dem Kind ganz selbstverständlich ist – der Erwachsene braucht zum Verständnis zusätzliche Erläuterungen. Beim Kind gehen sehr oft Sprechen und Zeichnen nebeneinander her. Manchmal fehlen ihm sogar die Worte, und dann stellt es durch eine Zeichnung dar, was in ihm vorgeht. Oft bekommt eine Zeichnung auch die Funktion zu bannen: Ein angsterfüllendes Erlebnis wird auf dem Blatt festgehalten und manchmal sogar mit dem Zaubermittel des Durchstreichens und Übermalens ungeschehen gemacht.

Der bildliche Ausdruck ist auch für den Erwachsenen so lange von zentraler Bedeutung gewesen, als ihm das Mitteilen in Buchstaben, in einer Schrift, unbekannt war. Zu den frühesten Zeugnissen menschlicher Existenz gehören Zeichnungen; es sei unter anderem an die Felsbilder eiszeitlicher Höhlenmalerei erinnert. Stammeskulturen der Dritten Welt kannten vor Einführung der Schrift eine vielfältige Palette an Ausdrucksmitteln, so auch das Zeichnen. Wenn die Sprache versagt, wenn zum Beispiel der Schizophrene sich nicht mehr artikulieren kann, dann drückt er sich bildnerisch aus.

Mit dieser Aufzählung möchte ich aber auf keinen Fall den alten Irrtum vertreten, Zeichnungen von Kindern, Eingeborenen und Geisteskranken seien Ausdrucksformen eines sogenannten archaischen Menschen, einer Anfangsstufe in der Menschheitsentwicklung, die jedes Kind von allein durchlaufen müsse. Diese Sichtweise entspräche einem Evolutionsdenken, das heutigen wissenschaftlichen Erkenntnissen nicht mehr standhalten kann. Es ist vielmehr so, daß Zeichnen ein ursprüngliches, spontanes Sich-Ausdrücken ist, von dem wir uns dann entfremden, wenn wir den Zugang zu unserer eigenen Natürlichkeit und Spontaneität verloren haben.

Es sei in diesem Zusammenhang darauf hingewiesen, daß sich der Traum als der Übermittler unbewußter seelischer Inhalte über das Mittel des Bildes ausdrückt; höchst selten hören wir im Traum Worte allein. Dies ist uns ganz selbstverständlich – selber haben wir aber den unmittelbaren Zugang dazu verloren.

Auch unsere Sprache ist voller Bilder; leider achten wir wenig darauf. Sie sind meist sehr emotional gefärbt und aussagekräftig.

Ich habe in diesem Buch versucht, die Zeichnungen einiger Kinder in die Sprache des Wortes umzusetzen, um damit aufzuzeigen, wie aussagekräftig Bilder und Zeichnungen sein können. Vielleicht führt die Lektüre des Buches den Leser nicht nur zu vermehrter Achtung vor den Fähigkeiten des Kindes, die in seinen Zeichnungen zum Vorschein kommen können, und zu deren besserem Verständnis – vielleicht führt die Lektüre wieder zu den eigenen Bildern und sogar zu dem Versuch, sich selbst bildnerisch auszudrücken.

In der Kinderanalyse und -therapie (aber ebenso auch in der Erwachsenenanalyse und -therapie) ist der bildnerische Ausdruck sowohl eine wichtige Möglichkeit zur Bewußtwerdung seelischer Schwierigkeiten als auch zur Heilung und Überwindung von Konflikten.

Jedes der vier folgenden Kapitel handelt von einem anderen Kind. Die Kinder sind meist nicht gleich alt, es sind zwei Mädchen und zwei Jungen. Sie wachsen in unterschiedlichen Familien auf: aber alle vier zeichnen. Sie zeichnen, was sich für sie nicht – oder nur sehr schwer – in Worten ausdrücken läßt.

Michael hat Angst: Angst vor der Welt der Erwachsenen, Angst vor der Schule, Angst vor jeder Anforderung. Er ist allmählich zum Versager geworden. Er weiß nicht, daß er die Lebensängste seiner Mutter übernommen hat. In der Psychotherapie befreit er sich davon durch Malen und Zeichnen und findet wieder zu seiner eigentlichen Wesensart.

Elisabeth hat sich plötzlich – für ihre Umwelt uneinfühlbar – vom unauffälligen, aufgeweckten Kindergartenkind zu einem verhaltensgestörten, trotzigen, asozialen Wesen gewandelt. Was ihr widerfahren ist, kann und wagt sie keinem Menschen zu erzählen. Aber in Zeichnungen teilt sie sich schließlich mit.

Barbara enttäuscht die Hoffnungen der Eltern, insbesondere des Vaters. Sie versteckt sich hinter ihrer Resignation und ist von Eifersucht ihren jüngeren Geschwistern gegenüber gequält. In ihrer Depression wird sie den Eltern zum Vorwurf.

Ihre Not stellt sie im Laufe der Psychotherapie in ihren Zeichnungen und Bildern dar.

Markus alarmiert seine Eltern durch Versagen in der Schule. Ein Kind fühlt sich unverstanden, nicht geliebt – läßt sich nicht lieben und sehnt sich gleichzeitig nach Liebe. In seinen Zeichnungen und Bildern bahnt er sich allmählich einen Weg, der ihn aus seiner Isolation herausführt.

Alle vier Kinder sind aufgefordert worden, ihre Familie zu zeichnen. Das gleiche Thema ist ganz verschieden dargestellt worden – entsprechend der Andersartigkeit dieser vier Familien. Aber jedes Kind erzählt dabei von seinen Erfahrungen, vom subjektiven emotionalen Erleben seiner Familie, von den Konflikten innerhalb der Familie. Die Zeichnungen geben auf unmittelbare Art Einblick in die Psychodynamik der jeweiligen Familie, wie es Worte nur schwerlich tun könnten.

Alle drei bereits schulpflichtigen Kinder haben mindestens auf einem ihrer Bilder einen Baum gezeichnet. Der Baum kann stellvertretend für das einzelne Kind dastehen. Aus der Art und Weise, wie er dargestellt worden ist, lassen sich Rückschlüsse auf das betreffende Kind, dessen Entwicklungsstand oder ganz allgemein dessen seelische Situation ziehen.

Die Kinderpsychologie kennt die beiden Themen, das Zeichnen der Familie wie des Baumes, als sogenannte projektive Tests, die in jedem Fall Aufschluß über einzelne bestimmte psychische Faktoren, beispielsweise über psychodynamische Zusammenhänge oder familiäre Konfliktkonstellationen, geben. In diesem Buch sind die beiden Themen nicht in der strengen Art eines Tests Punkt für Punkt entschlüsselt worden; sie sind vielmehr zugunsten eines leichteren Leseflusses in den gesamten Ablauf des jeweils geschilderten, durch die Psychotherapie bewirkten seelischen Veränderungsprozesses gestellt worden.

Quervergleiche zwischen den einzelnen Kindern sind nicht systematisch durchgeführt worden; der daran interessierte Leser wird es von sich aus tun.

Den drei bereits schulpflichtigen Kindern habe ich das Märchen »Die Heckentür« erzählt und sie nachher aufgefordert, diejenige Szene zu zeichnen oder zu malen, die ihnen am besten gefällt. Die Unterschiedlichkeit ist auch hier sehr auffallend und weist unausweichlich klar auf die jeweils andersartige seelische Struktur, aber ebenso auf die jeweils andersartige psychische Problematik des einzelnen Kindes hin. Auch die Familienkonstellation spielt für die jeweilige Darstellung eine wichtige Rolle.

Märchen enthalten bekanntlich Erfahrungen und Erlebnisse, Freuden und Nöte, kurz: seelische Grundgegebenheiten, wie sie jedem Menschen widerfahren können. Sie bieten auch Lösungsmöglichkeiten seelischer Konflikte an. Daher ist die Auseinandersetzung mit Märchen immer auch eine Auseinandersetzung mit der menschlichen Seele. Barbara habe ich zudem nach ihrem Lieblingsmärchen gefragt, weil sich gerade darin die seelische Struktur des betreffenden Menschen besonders deutlich widerspiegelt.

Michael hat, an einem bestimmten Punkt seiner Entwicklung angelangt, das Bedürfnis verspürt, dem Märchen einen anderen Schluß anzufügen, der unverkennbar zeigt, in welchem seelischen Prozeß er zu diesem Zeitpunkt steht.

Die Zeichnungen und Bilder sind den Kindern von mir natürlich nicht interpretiert worden – genausowenig wie die Märchen. Das ist für ein Kind nicht nötig; es hat – wie weiter oben bereits aufgezeigt worden ist – noch einen direkten Zugang zu seelischen Äußerungen. Aber die Produkte sind von mir entsprechend gewürdigt worden, wir haben – wenn das Kind dies wollte – darüber gesprochen. Oft haben sie dem Kind ermöglicht, über Dinge zu sprechen, die vorher belastend waren, weil sie nicht ausgesprochen werden konnten.

Daß es bei dieser Art zu zeichnen und zu malen nicht um ästhetische Gesichtspunkte geht, dürfte klar sein. Der Sinn liegt darin, seelische Inhalte auszudrücken und damit Zugang zu finden zu dem, was sich in der eigenen Seele abspielt. Dies hat immer eine Wirkung – ganz unabhängig davon, ob eine Zeichnung gut oder schön geworden ist. Das kann im übrigen auch der Erwachsene an sich selbst erfahren, wenn er sich traut, zu zeichnen oder zu malen, was er beispielsweise geträumt hat oder wie ihm gerade zumute ist.

Das Buch soll aber nicht zuletzt auch Aufschluß geben, wie Kinderzeichnungen interpretiert werden können und dadurch zum Schlüssel für das Verständnis der kindlichen Seele werden.

Das Kind als Stellvertreter der Mutter

*Ein Junge übernimmt
die Lebensängste seiner Mutter*

Bestürzung, Ratlosigkeit, Vorwürfe, Hilflosigkeit ... »Unser Junge will nicht mehr zur Schule gehen. Ich bringe ihn jeden Morgen hin, spätestens um zehn Uhr ist er wieder zu Hause. Ich weiß mir nicht mehr zu helfen!« So der telefonische Anruf einer völlig verzweifelten Mutter.

Am nächsten Mittwoch nachmittag läutet die Hausglocke. Ich öffne: Vor der Türe steht ein kleiner, rundlicher Junge, scheu, getraut sich kaum zu grüßen, geschweige denn, mich anzugucken.

Wir gehen miteinander in mein Therapiezimmer, wo auf dem Tisch Farbstifte, Kreiden, Fingerfarben, Malkasten mit Wasserfarben, Pinsel, Kohlestifte, Bleistifte, Radiergummi und weißes Papier liegen. Erstaunt bleibt der Junge davor stehen, er möchte am liebsten gleich nach dem Malkasten greifen, sein rechter Arm zuckt, er zieht ihn aber blitzschnell wieder zurück.

»Möchtest du gern etwas malen?«
»Nein, nur die Dummen malen gern.«
»Nur die Dummen?«
»Mein Vater und mein älterer Bruder können nicht zeichnen.«

Der Junge teilt mir – ohne daß ich danach gefragt habe und ohne daß er es weiß – seinen Konflikt mit dem Vater, der ein Akademiker ist, und mit dem älteren Bruder, der das Gymnasium besucht, mit.

»Zeichnest du denn gern?«
»Was soll ich zeichnen?«
Der Junge kann meine Frage nicht als solche stehen lassen und beantworten. Er sieht in ihr eine Aufforderung. Eine typische Alltagssituation spielt sich ab. Hinter jeder Frage, ja hinter jeder verbalen Hinwendung, steht für den Jungen eine Forderung, vor der er sich fürchtet, weil er sich nicht zutraut, sie erfüllen zu können. So ist dieses Kind, sobald es sich einem Erwachsenen gegenüber sieht, in ständiger Angst, es werde angesprochen – es werde von ihm etwas verlangt, das es sowieso nicht erfüllen könne. Es lebt in einer ständigen Spannung, einem Dauerstreß, der das Kind all seiner Vitalität beraubt.

Diesmal scheint es allerdings eine Forderung zu sein, der Michael im Grunde genommen gern nachkäme; aber er gerät dabei in den Konflikt, daß er sich dadurch mir gegenüber als der Dumme entlarven könnte. Denn von zu Hause weiß er, daß nur intellektuell Minderbegabte Freude am Darstellen haben – und die sind ja bekanntlich nicht geschätzt, weder in der Familie noch in der Gesellschaft. Man muß sich ihrer schämen. Michael, ein zwölfeinhalbjähriger Junge, steht Qualen aus.

»Ich zeichne und male gern. Wenn ich in den Ferien bin und Zeit habe, dann male ich oft. Ich kann mir Ferien ohne Zeichnen und Malen nicht vorstellen.«

Zum erstenmal schaut mich der Junge an, erstaunt, fragend: »Sie?«

»Ja. Möchtest du etwas zeichnen oder malen?«

Zaghaft nimmt Michael ein weißes Blatt – es ist die kleinste Größe, die er wählt (A4) – und tastet mit den Augen all die verschiedenartigen Farben ab, um schließlich nach Bleistift und Radiergummi zu greifen.

Er setzt sich nicht von allein hin; ich muß ihn dazu auffordern. Er scheint sich auch nicht das Zeichen- oder Malmaterial genommen zu haben, das er eigentlich gern benutzen würde. Auch damit zeigt er unbewußt eine seiner großen, ihn beeinträchtigenden Schwierigkeiten: Er getraut sich nicht zu nehmen, was für ihn richtig ist, was ihm eigentlich zustünde. So kommt er immer zu kurz. Aber Bleistift ist auch nicht so gefährlich; die Striche können jederzeit wieder ausradiert werden.

Und nun sitzt er da und wartet. Er beginnt nicht von allein etwas zu zeichnen. Er schaut auf sein weißes Blatt vor sich auf dem Tisch, hält in der rechten Hand den Bleistift, in der linken den Radiergummi. Diesen drückt er mit seinen Fingern von allen Seiten, er schwitzt, der Gummi scheint ganz klebrig zu werden.

»Hast du eine Idee, was du zeichnen möchtest?«
Er zuckt mit den Schultern.
»Dann zeichne doch mal deine Familie.«

Ich habe bis zu diesem Zeitpunkt noch nie erlebt, daß ein Kind unbegleitet in die erste Therapiestunde kommt. Wollte Michael selbst allein kommen, um mir zu zeigen, daß er kein kleines Kind mehr sei, das von Mama oder Papa geführt werden muß? Oder hätte er sich sehnlichst gewünscht, daß Vater oder Mutter oder gar beide ihn begleitet hätten? Schämen sich die Eltern vor mir, oder fürchten sie sich gar vor mir? Haben sie ihr Kind wohl lieb, oder lehnen sie es heimlich ab?

Michaels Familie

Und nun zeichnet er sie: zuerst die Mutter; mit großer Genauigkeit entstehen Rock, Pullover, Kopf, Brille, ausgestreckte Arme und Hände, Beine, Schuhe. Dann den Vater, mit Hose, Pullover, Kopf, Brille, ausgestreckten Armen und Händen, Beinen, Schuhen – mit großer Genauigkeit. Ebenso präzise, etwas kleiner, ersteht daneben der ältere Bruder mit langen Hosen, Pullover, Kopf, Brille, ausgestreckten Armen und Händen, Beinen, Schuhen.

Keine Person berührt die andere. Keine blickt zur anderen; sie stehen alle in etwa gleicher Entfernung voneinander, alle annähernd gleich groß beziehungsweise klein, alle schauen nach vorn, alle befinden sich in der gleichen Art – beinahe gleich gekleidet – äußerst geschickt gezeichnet auf der linken Hälfte des Blattes. Alle stehen sie in der gleichen Stellung. Aber wo ist der Boden, auf dem sie stehen? In welcher Umgebung stehen sie herum?

Ich schaue Michael lange an, er schaut zurück.
»Fertig?«
»Soll ich mich auch zeichnen?«
»Gehörst du auch zur Familie?«

Nach langem Zögern greift er nochmals zum Bleistift und stellt sich als letzten auch noch in diese Reihe, wieder ohne die nächste Person – seinen Bruder – zu berühren, etwas kleiner als diesen; wieder die langen Hosen, derselbe Pullover, Kopf ohne Brille, ausgestreckte Arme und Hände, Beine, Schuhe.

»Ich bin der einzige, der keine Brille trägt. Ich bin eben der dümmste.«
»Du?«
(Ich bin auch Brillenträgerin.)

Ganz unvermittelt fragt mich der Junge, ob er das nächste Mal wieder zeichnen dürfe.

Will er denn wiederkommen? Fühlt er sich bereits angenommen? Oder sichert er sich damit ab, weil er lieber zeichnet als spricht?

Ich spüre Sympathie für den Jungen, gleichzeitig tut er mir leid. Seine große Einsamkeit erinnert mich unwillkürlich an meine eigene Kindheit. Bilder steigen in mir auf ...

Ich fange an, ihn zu den einzelnen gezeichneten Personen zu befragen. Immer mehr taut das Kind auf und erzählt, erzählt, erzählt ... Dabei kann ich mich wieder von meinen eigenen Bildern lösen, die sich ja doch sehr deutlich von den seinen unterscheiden. Mir wird jedoch aus der Gegenübertragung heraus – aus dem Auftauchen eigener Erinnerungen und Gefühle als Reaktion auf Michaels Verhalten – die Schwierigkeit seiner Situation deutlich. Seine Schilderung ist lebendig; wo er steckenbleibt, stelle ich ihm eine Frage, und schon erzählt er weiter.

Ein kluges Kind, das ausgesprochen lebendig und anschaulich schildern kann. Es soll so dumm sein, daß es die Probezeit in der höheren Schule nicht bestehen wird?
Unser Abschied ist herzlich, in einer Woche werden wir uns wiedersehen.

Eine Woche später sitzen wir uns erneut gegenüber und versuchen, miteinander ins Gespräch zu kommen. Der Alltag ist für Michael schwierig, darüber zu sprechen fällt ihm erst recht schwer. So frage ich ihn ganz unvermittelt, ob er sich an einen Traum erinnern könne. Es ist, als ob ihn die Frage elektrisiert hätte. Er weiß noch genau, wie er letzte Nacht mit dem Schlitten durch die Luft sauste und knapp neben einer Tanne wieder landete. Er will mir das unbedingt aufzeichnen: Zuerst entsteht die Tanne. Ich beobachte erstaunt, wie sehr sich Michael auf seine Zeichnung konzentrieren kann; seine ganze Hingabe gilt dem Baum.

Das Ich kann durch einen Baum dargestellt werden. So fehlt der Junge selbst auf seiner Zeichnung. Wer er aber eigentlich ist, stellt er im Baume dar: kraftvoll in die Höhe und nach den Seiten hin gewachsen, mitten auf dem Blatt; eine Wettertanne, die allein wächst. So fühlt sich auch der junge Mensch: allein, allen Winden ausgesetzt. In seiner Einsamkeit ist er aber nicht zugrunde gegangen, sondern hat sich vielmehr still entfaltet. Jahr für Jahr wächst der Baum in die Höhe, breitet sich nach den Seiten hin aus, und der Stamm bildet Jahr für Jahr einen Ring nach dem anderen.

Wettertanne

Soll ein Baum Bestand haben, muß er in der Erde verwurzelt sein. Michaels Baum steht nicht auf der Erde, er scheint zu schweben. Das Kind signalisiert, daß es keinen Boden unter den Füßen hat. Erst nach einer Weile setzt der Junge noch die paar wenigen Linien hin, die Berge im Hintergrund darstellen sollen. Sie wirken im Gegensatz zur Tanne gleichförmig und klischeehaft, wie eine Kulisse. Sie täuschen ein Raumerlebnis vor. Hat Michael keinen Raum, keinen Lebensraum, keinen Untergrund, der ihm Halt gibt, keinen Boden, auf dem er stehen, gehen und weiterwachsen könnte, keinen wirklichen Hintergrund, auf den er sich stützen und beziehen könnte?

Die Armseligkeit der Landschaft, die eigentlich gar keine ist, steht in krassem Gegensatz zum Reichtum des Baumes.

Der Baum steht für Michael. Der Junge scheint reich ausgestattet zu sein; der Baum ist kraftvoll gewachsen. Aber er steht allein da inmitten einer Umgebung, die es gibt und doch nicht gibt, die auf ihn unbezogen ist.

Bei unserer dritten Sitzung kramt der Junge lange in seiner Hosentasche herum. Ein spitzbübischer Zug liegt auf seinem

Gesicht. Was geht wohl in ihm vor? Plötzlich legt er mir einen sorgfältig zusammengefalteten Zettel auf den Tisch und sagt, ich solle mal lesen:

<u>Traum</u> in der Nacht vom Mittwoch auf den Donnerstag

»Ich saß im Auto von meinem Großvater. Meine Eltern und noch jemand saßen in einem Auto, das die Straße heruntergefahren kam. Meine Eltern dachten, daß ich entführt werde, was aber nicht der Fall war. Das Auto in dem ich saß, hatte plötzlich Pedalen, und ich fing an zu treten. Es war spaßig, meinen Eltern davonzufahren. Ich dachte im Moment nicht daran, daß meine Eltern im anderen Auto saßen. Ich sauste (voll Freude) über Hügel und flog manchmal sogar ein bißchen, aber fiel dann wieder auf den Boden und fuhr weiter. Plötzlich fuhr ich langlasmer und blieb stehen. Das Auto (in dem meine Eltern wahren) hielt neben mir an und meine Mutter kam mir entgegengerannt und dann war plötzlich alles fertig.«

(Stil und Orthographie unverändert)

Und dieses Kind soll dumm sein? Den intellektuellen Anforderungen der Schule nicht gewachsen? Diesen Traum hatte Michael in der Nacht nach unserer letzten Sitzung. Danach floh er anderntags ausnahmsweise einmal nicht aus der Schule nach Hause. Aber nachmittags erledigte er in seinem Zimmerchen nicht seine Hausaufgaben, sondern schrieb seinen Traum hinten in ein Schulheft und machte die Skizze dazu, verbotenerweise, ohne daß dies jemand von ihm gefordert oder ihn je darauf aufmerksam gemacht hätte, daß man dies tun könnte oder sollte. Dann riß er das Blatt aus dem Heft – ein Sakrileg – und versteckte es!

Jetzt liegt das Blatt offen da. Ich habe den Text gelesen und mir die Skizze angeschaut. Nun macht er sich Luft: Er ist jetzt noch wütend über seine Eltern, seine ängstliche Mutter, die ihn in seiner Fahrt bremst, die ihn zurückholen will. Er schildert mir sein Fahrzeug – Traum und Realität gehen ineinander über –, das ursprünglich vom heißgeliebten Großvater mütterlicherseits stammt. Alle Hindernisse kann er damit überwinden, es fährt schnell, plötzlich hat es Pedale, er tritt sie und kommt aus eigener Kraft weiter. Er saust durch die Luft, landet wieder – es macht so richtig Spaß. Der Junge ist in Fahrt gekommen – seine Eltern bremsen ihn durch falsches Einschätzen der Lage, insbesondere die Mutter durch ihre Angst.

Die Skizze zeigt zusätzlich, daß das Auto nach rechts fährt. Psychologisch gesehen zeigt die Bewegung nach rechts eine Progression auf, ein Voranschreiten, eine Entwicklung. Das Auto ist gut gebaut, Michael sitzt darin (er hat sich diesmal mit auf sein Bild gezeichnet!), kraftvoll (nicht nur in den Umrissen). Das Auto scheint von einem Hügel, der in seiner Form an eine weibliche Brust erinnern könnte, abzustoßen. Es hat wie zum Sprung über den Abgrund angesetzt, und sein Ziel ist das Land jenseits des Tales, das wohl unbegrenzt weiterführt – es ist über den Randstrich der Heftseite hinaus gezeichnet worden. Im Gegensatz zu den klischeehaft gezeichneten Bergen des vorherigen Bildes hat Michael sich Mühe mit der Darstellung der Konturen gegeben; er war nicht eher zufrieden, als bis sich in der Wiederholung der Striche eine für ihn richtige, bestimmte Form ergab.

Traum und Skizze legen davon Zeugnis ab, wie ihm seelische Energie zufließt, die ihn beflügelt. Der Junge setzt zum Sprung an, indem er sich von seinem Ur-Sprung trennt, wird auf seiner Fahrt aber durch Unverständnis und Angst der Eltern gebremst. Hat er »abgehoben«? Der Fahrer des Autos berechnet genau, wo er landen möchte, er hat ein Ziel, nämlich den Abgrund zu überwinden.

Ob er heute einen »Picasso« malen dürfe, fragt er mich zu Beginn einer weiteren Sitzung – wiederum recht spitzbübisch. Natürlich.

Für eine Weile versinkt Michael ganz im Malen. Zum erstenmal hat er nun nach Farben gegriffen. Er gerät in Bewegung, ist ganz erfüllt von dem, was sich ereignet, und sagt abschließend: »Das bin ich.« (Siehe Abbildung 1)

Ein zwölfeinhalb Jahre altes Kind malt sich selbst. Augen, Nase und Mund haben gerade auf dem großen Blatt Platz. Das Gesicht ist durch ineinander überfließende Grün- und Blautöne dargestellt, kalte Farben, die an Wasser erinnern. Ist der Junge suizidal, ist er lebensmüde? Schwarze, weit aufgerissene Augen gucken fragend und kritisch. Eine kräftige, schwarze Nase mitten auf dem Blatt dient zum Ein- und Ausatmen; sie ist das Organ, das den lebensnotwendigen Austausch von Luft und damit den Kontakt zwischen Innen und Außen herstellt. Ein schwarzer Mund, der kaum noch am unteren Bildrand Platz findet, könnte auf menschlich-verbaler und emotionaler Ebene zum Sich-Ausdrücken, Küssen, Nahrung-Aufnehmen dienen. Er ist geschlossen, er verweigert sich.

Lebendigkeit des Farbauftrages und der Strichführung stehen in seltsamem Kontrast zum Dargestellten. Das Gesicht ist bekanntlich nur ein Teil des Menschen, allerdings ein wichtiger und bezeichnender. Es charakterisiert den einzelnen als Individuum: Jeder hat sein eigenes, persönliches Gesicht. Michael hat nur einen Teil seines Gesichtes gemalt; er hat allerdings den ihm wichtigsten Teil dargestellt.

Die Augen sind dasjenige Sinnesorgan, das beobachtet und Kontakt auf Distanz herstellen kann. Um die Augen einzusetzen, ist Abstand nötig. Sie können geöffnet oder geschlossen werden, ganz nach dem Willen des einzelnen, je nachdem, ob er sich öffnen oder verschließen will. Michael malt sich mit weit geöffneten Augen, die aufmerksam die Umgebung zu beobachten und intensiv wahrzunehmen scheinen.

Die Nase als Austauschorgan ist kraftvoll ausgebildet. Im Rhythmus des Ein- und Ausatmens liegt der Wechsel zwischen Geben und Nehmen – Voraussetzung für jede Beziehung.

Der Mund ist ein Organ, das einerseits über die Sprache distanzierte Kommunikation möglich macht, über die direkte Berührung aber anderseits einen unmittelbaren Kontakt herstellen kann. Überdies ist er ebenfalls, wie die Nase, ein Aufnahmeorgan. Michael stellt nur die Oberlippe dar, die für sich allein nicht voll funktionsfähig sein kann. Die Unterlippe ist nur angedeutet, der Mund ist geschlossen. Dieser unvollständige Mund, wie er auf dem Bild dargestellt wird, ist im Gegensatz zu Augen und Nase nicht einsatzfähig – er verweigert sich.

Die Ohren als das Sinnesorgan, mit dem die Äußerungen der Umwelt aufgefangen werden, finden auf Michaels Bild keinen Platz mehr. Möchte er nicht mehr hören, was die Umwelt zu ihm sagt? Verschließt er sich dem harten Urteil, beispielsweise dem, dumm zu sein?

Die beobachtende Position ist immer die ungefährlichste, weil unverbindlichste. Sie ermöglicht Kontrolle auf Distanz; Michael kann seine Umwelt wahrnehmen, entscheidet aber selbst, ob und wie er darauf reagieren will. Allerdings eignet sich der dargestellte Mund nicht sehr gut, um Kontakt aufzunehmen. Michael sieht offenbar nur selten die Möglichkeit, sich mitzuteilen; er hat ja bereits gesagt, daß er sich von seiner Umwelt – Familie wie Schule – selten oder kaum verstanden fühlt.

Dadurch, daß Michael die Fähigkeiten seiner Sinnesorgane im Kontakt wie in der Wahrnehmung nur sehr begrenzt einsetzen kann, spürt er deutlich die ihm von außen aufgezwungenen Einschränkungen, die ihn depressiv machen: Augen, Nase und Mund sind schwarz gemalt. Die Ohren fehlen sogar; was Auslassungen bedeuten können, wird im folgenden Kapitel ausführlich erläutert werden.

Außerdem hat sich Michaels Stimmung, während er sein Gesicht malte, auffällig verändert: Am Anfang zu Scherzen und zur Imitation Picassos aufgelegt, wird er immer ergriffener und kommt sich selbst zusehends näher.

Abb. 1. Michaels spitzbübisch geäußerte Absicht,
einen »Picasso« zu malen, wird zur ergreifenden Selbstdarstellung.

An einem Sonntag zu Hause malt er das folgende Bild und schreibt dazu hinten auf das Blatt »DER Punkt in der Leere«.

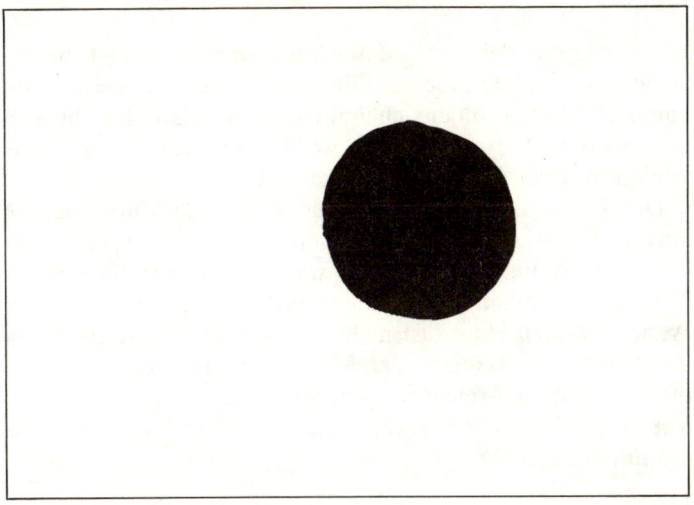

Ursprünglich hat Michael den schwarzen »Punkt« genau in die Mitte zwischen der rechten und linken Seite des Blattes gemalt; nachträglich hat er den rechten Rand nach hinten gefaltet, so daß der »Punkt« nun nach rechts verschoben wird. Michael selbst kann zu diesem Bild überhaupt nichts sagen. Die Lebendigkeit, mit der er auf das vorherige Bild eingehen konnte, fehlt ihm hier völlig. Die Rechtsverschiebung, die Michael nachträglich durch das Falten herbeigeführt hat, scheint aufzuzeigen, daß ihm seine Situation zunehmend bewußter wird.

Der schwarze »Punkt« ist nach oben verschoben, weg vom Unten, vom Boden, der wieder einmal fehlt. Es fehlt überhaupt die gesamte Umgebung. Michael hat tatsächlich die Leere dargestellt und darin völlig unbezogen – wie schwebend – den schwarzen »Punkt« gemalt, der in Wirklichkeit ein massiver, vollkommen ungegliederter, schwarz ausgefüllter Kreis ist. Da ist weder Zugang möglich, noch kann diese kompakte Schwärze einfach aufgelöst werden – in einer Umwelt, die sich in Leere kundtut, muß ein Kind massiv depressiv werden.

Immer klarer stellt sich heraus, daß das Kind in einer krankmachenden Umgebung aufwachsen muß. Seine eigenen Kräfte und Möglichkeiten kommen nicht zur Entfaltung.

Ich teile ihm daher mit, daß ich nun unbedingt auch einmal seine Eltern sehen möchte. Gleichzeitig schließe ich mit ihm eine Art Bündnis, indem ich ihm versichere, daß ich nichts von dem an die Eltern preisgeben werde, was sich zwischen uns beiden in unseren Sitzungen abgespielt hat.
Der Junge ist kaum daheim, als mich seine Mutter bereits anruft. Sie scheint nur auf diesen Augenblick gewartet zu haben. Und nun bestätigt sich, was Michael seit Beginn der Therapie in seinen Zeichnungen bisher dargestellt hat: Die Atmosphäre zu Hause ist nicht kindgemäß. Sie ist einerseits durch die Lebensängste der Mutter geprägt und anderseits durch die geistig-religiöse, lebensfeindliche Einstellung des Vaters. Michael lebt tatsächlich in einer Umgebung, die nicht auf ihn bezogen ist.

Ich erzähle ihm in einer weiteren Sitzung das Märchen von der Heckentür:

Es war einmal eine Frau, die hatte zwei Kinder, einen Jungen und ein Mädchen. Eines Tages ging sie auf die Reise und sagte zu ihnen: »Hört einmal, Kinder, ich reise fort, und ihr bleibt allein daheim, drum paßt mir ja hübsch auf die Heckentür auf!« Sie meinte damit, sie sollten sorgen, daß sich kein Spitzbube hineinschliche.
Eine Weile war sie schon fort, da bekamen die Kleinen Langeweile, und der Bruder sagte zur Schwester: »Komm, wir wollen ein wenig hinaus in den Wald, und die Heckentür nehmen wir mit, dann ist's gut!« Da war sie zufrieden, und sie gingen hinaus in den Wald. Aber wie sie da herumliefen, verirrten sie sich, und die Nacht überfiel sie, so daß sie wohl sahen, sie würden doch nicht mehr heimkommen, und vor Angst kletterten sie auf einen Eichbaum, um dort bis zum Morgen zu bleiben, damit sie nicht von den wilden Tieren zerrissen würden.
Eine Zeitlang haben sie da gesessen, da kommen Spitzbuben, die schleppen einen großen Haufen Geld zusammen, den zählen sie. Da halten sich die Kleinen ganz still im Baum, damit sie

nicht von den Männern bemerkt werden. Aber endlich kann sich der Bruder doch nicht mehr halten und sagt zur Schwester: »Ich muß einmal was Kleines machen.« – »Na, so tu's!« Da tut er's, die Spitzbuben aber zählen ruhig weiter und sagen: »'s ist ein wenig Regen, der fällt.« Wieder nach einer Weile sagt der Bruder zur Schwester: »Ich kann's nicht länger halten, ich muß was Großes machen.« – »Na, so tu's!« Da tut er's, aber die Spitzbuben zählen ihr Geld ruhig weiter und sagen: »'s ist ein wenig Mist von den Vögeln, die im Baume sitzen.« Nun sitzen sie wieder lange still, da sagt auf einmal der Bruder: »Ich kann die Heckentür nicht mehr halten!« – »So wirf sie hinab!« sagt die Schwester. Da wirft er sie hinab, und sie fällt mitten unter die Spitzbuben, und die laufen eiligst davon und rufen: »Gehn die Wol-ken hier, gehn die Wol-ken hier!«

Nun war's aber Morgen geworden, und da stiegen Bruder und Schwester hinab vom Baume und nahmen die Heckentür und das Geld, das die Spitzbuben im Stich gelassen, dazu und kamen glücklich wieder nach Hause. Die Mutter ging ihnen schon entgegen und jammerte und schalt, daß sie nicht auf die Heckentür aufgepaßt hätten und nun die Spitzbuben dagewesen seien und das ganze Haus ausgeräumt hätten. Die Kleinen aber erzählten alles, wie es ihnen im Walde ergangen war, und da war sie froh. Und von dem Gelde kaufte sie neue Kleider und neues Gerät dazu, und es blieb noch so viel übrig, daß sie ihr Leben lang alle drei daran genug hatten.

Ich stelle ihm frei, welche Szene er am liebsten zeichnen oder malen möchte.

Er wählt den wohl dramatischsten Ausschnitt aus dem Geschehen: den Augenblick nämlich, da der Junge die Hekkentür vom Baum hinab auf die Räuber wirft, die gerade ihre gestohlenen Schätze ausbreiten. Denn er findet dies eine ausgesprochen gute Idee (Abb. 2).

Das Bild überzeugt durch seine Aussagekraft. Michael hat das Breitformat gewählt, das sich zum Erzählen besser eignet als das Hochformat, da es mehr Platz bietet. Um so mehr berührt die Tatsache, daß das ganze Bild wiederum keinen Grund, keine Erde hat, auf der die Räuber knien, in der die Bäume verwurzelt sein müßten.

Er braucht das ganze Blatt bis hin zum Rand, so daß das Bild keinen Abschluß hat (wie schon das Selbstporträt), und gibt damit die nicht faßbare Größe und Tiefe des Waldes wieder, in der sich die beiden Geschwister auf einen Baum gerettet haben. Die Aufteilung in Vorder- und Hintergrund ist nicht mehr kulissenartig wie auf der Zeichnung der Wettertanne; Michael beginnt, sich in Ansätzen eine Welt aufzubauen, um sich einen Lebensraum zu schaffen. Daran scheint auch die Mutter beteiligt zu sein: Braun als Farbe der Erde, des mütterlichen Nährbodens überhaupt, ist auf dem Blatt dominant. Allerdings tritt das Braun in Verbindung mit den Bäumen, dem Symbol seelischen Wachstums und seelischer Entfaltung, auf: Beides – Wachsen und Sich-Entfalten – ist für ein Kind nur dann möglich, wenn die Eltern, insbesondere die Mutter, die entsprechende Atmosphäre bieten. Trotz der Lebendigkeit der Darstellung fehlt sämtlichen Bäumen das Laub.

Das Grün wird andernorts verwendet: die Hosen des Jungen und der Pullover des kaum als solches zu erkennenden Mädchens sind grün. Als Farbe des Sprießens und Gedeihens, daher auch der Neuwerdung und Hoffnung, erscheint es nicht im mütterlichen Grund, dem Wald, sondern kraftvoll in den Beinkleidern des Märchenhelden, mit dem sich Michael voll identifiziert. Dies ist ein erneuter Hinweis auf eine Kraftzufuhr: Auf den Beinen steht der Mensch, mit seinen Beinen geht er. Bekommt Michael allmählich einen eigenen Standpunkt – vorläufig noch beinahe unsichtbar in Sicherheit und Schutz des Baumgeästes, abgehoben von der Erde –, vielleicht sogar die Kraft, eigene Schritte zu unternehmen, das wahrzumachen, was er seinerzeit ganz unbewußt in der Skizze unter seinem Traum angedeutet hat?

Noch hat er sich nicht ganz vom Schwarz jenes »Punktes« in der Leere befreit: Sein Pullover und seine Mütze sind schwarz. Dies verbindet ihn aber gleichzeitig mit den Räubern, die ganz schwarz gemalt sind. Ist er vielleicht im Grunde genommen ebenso listig und pfiffig wie sie? Der erstarrte, große schwarze

Abb. 2. Michael: Szene aus dem Märchen »Die Heckentür«

»Punkt« ist in Bewegung geraten: Der Junge befreit sich langsam aus seiner Depression. Hinter ihm auf dem Baum ist noch seine Schwester, die auf der Zeichnung (im Gegensatz zum Märchen) unbeteiligt ist, weil das Ich – Michael – sie kaum wahrnimmt. Was weiß er schon über weibliche Wesensart? Er hat ja keine leibliche Schwester. Seine Mutter, das einzige weibliche Wesen in der Familie, »fällt aus«. Sie hat seit längerer Zeit eine schwere Depression. Sie ist erschöpft, sie hat den Kampf, eine Eigenpersönlichkeit zu entwickeln, aufgegeben. So gibt es für den Jungen keine Zuflucht zu einer Mutter, die Geborgenheit schenkt, keinen tragenden mütterlichen Boden. Denn diese hat das Vertrauen in sich als Frau und Mutter, in ihr Leben überhaupt, verloren. Das ist für Michael um so tragischer, als er einerseits beim Vater dafür keinen Ersatz findet und anderseits seine Mutter ihm keine emotionale Wärme anbieten kann.

Das wird mir aber auch deutlich, als die Mutter mir gegenübersitzt und von sich und ihrer Ehe zu erzählen beginnt, einer Ehe, in der seit Jahren das Streben nach Geistigkeit über der Pflege des Emotionalen steht. Ein Haushalt, in dem die Farbe Rot nicht vorkommt, wie den Berichten der Mutter zu entnehmen ist. Denn dies wäre der Beweis dafür, daß die Familie noch dem Emotionalen verhaftet ist, das es bekanntlich für denjenigen, der sich auf einen geistigen Weg begeben hat, zu überwinden gilt. Rot bindet ans Irdische. Dieses fehlt daher auch in Michaels Zeichnungen.

In dieser Kälte fühlt sich der von seiner Art her ausgesprochen gemütvolle Michael allein – vielleicht haben sich Angst und Grauen, zumindest Unverständnis, inzwischen auch dem Leser mitgeteilt. Ein Wunder, daß der Junge sich überhaupt so weit bewahren konnte, wie es aus seinen Zeichnungen immer deutlicher hervorgeht. Ist er wohl von Natur aus dieses beziehungsunfähige, ängstliche Kind, oder hat er die Distanziertheit des Vaters und unbewußt die Ängste seiner Mutter übernommen, ohne es zu merken oder sich dagegen wehren zu können?

Abb. 3. Michaels Mutter: Weg durch den Wald

Seltsam, die Frau gerät immer mehr ins Erzählen, als kenne sie mich schon lange, ja sie wird dabei ganz lebendig. Es ist, als wäre sie von einem inneren Feuer gepackt.

Und fortan kommen beide zur Psychotherapie: Mutter und Sohn, aber getrennt, jedes für sich. Das sollte genau beachtet werden. Der Vater schließt sich leider von diesem Geschehen aus, denn er ist der Meinung, Erziehung sei in erster Linie Sache der Mutter. Welchen Anteil er durch sein Geringschätzen bis hin zum Verneinen des Emotionalen an den Nöten seines Sohnes hat, scheint ihm nicht klar zu sein.

»Ich gehe durch einen Wald und bin ganz gepackt vom Licht- und Schattenspiel der Blätter, dem ich gebannt zugucke.« Diesen Traum bringt die Frau als erstes in ihre Psychotherapie. Die Auseinandersetzung mit Hell und Dunkel, mit Gut und Böse, wird zur Grundthematik in der Auseinandersetzung von Michaels Mutter mit sich selbst: sie, die bis zur Erschöpfung daran festzuhalten versucht, allein nach dem Lichten – denn nur das verbindet sie mit dem Göttlichen – zu streben und das Dunkle ganz aus ihrem Leben und Denken auszuschließen. Es wird ein beschwerlicher Weg werden, den diese Frau in ihrer Analyse zu gehen hat, bis sie Hell und Dunkel als die zwei Grundgegebenheiten allen menschlichen Lebens wird anerkennen können, um sich dadurch allmählich von ihrer Einseitigkeit zu lösen. Das Dunkle manifestiert sich in ihren Ängsten vor dem Leben, in Migräneanfällen und in schweren Depressionen.

Für beide, für Mutter und Sohn, scheint der Baum (und damit auch der Wald) ein zentrales Symbol zu sein: Er verkörpert seelisches Wachstum und seelische Entfaltungsmöglichkeiten. In der Erde verwurzelt, steht er fest in der Welt und wächst gleichzeitig dem Himmel zu. Dem Sohn fehlt der Sicherheit schenkende Boden, die Mutter interessiert ausschließlich das Blattwerk. Der Sohn stellt sich durch eine immergrüne Tanne dar, die Mutter spiegelt sich im vergänglichen und alljährlich wieder neu sprießenden Laub. Beim einen scheint Beständigkeit und Festigkeit im Wachstums- und Entfaltungsprozeß von zentraler Bedeutung zu sein, beim anderen Wandlung und Erneuerung im Wachstums- und Entfaltungsprozeß. Von beiden scheint von innen her eine Entwicklung gefordert zu werden, die Art und Weise scheint der jeweiligen Lebenssituation zu entsprechen.

Die Nähe zwischen Mutter und Sohn ist unübersehbar. Ganz verlegen zeigt mir die Mutter nach einer Weile ein Bild, das sie zu ihrem Traum gemalt hat (Abb. 3).

Plötzlich bricht sie in herzliches Lachen aus. Sie erzählt mir mit funkelnden Augen, wie sie ihr Sohn zu Hause instruiert hat: Wer zur Psychotherapie kommt, muß Träume mitbringen und diese sogar noch malen! Er hat der Mutter keine Ruhe gelassen, bis sie ihren Traum gemalt hat. Mir hat er in einer früheren Sitzung verraten, daß seine Mutter auf dem Dachboden unter anderem eine Staffelei, einen Aquarell-Malkasten und verschiedene Pinsel aufbewahrt, ja eigentlich versteckt habe. Auch Stickgarn in den verschiedensten leuchtenden Farben befände sich dort oben gut versteckt in einem Kasten neben anderen Dingen ...

Malen und Zeichnen ist in dieser Familie – wie wir ja bereits erfahren haben – Ausdruck von fehlenden geistigen Interessen; das gleiche gilt wohl auch für das Sticken.

Der Junge hat sichtlich Spaß, daß die Mutter nun auch zu mir kommt; er genießt den Vorsprung ihr gegenüber: Endlich weiß er einmal etwas mehr – und scheinbar für ihn auf einem entscheidend wichtigen Gebiet!

Es bahnt sich eine emotionale Nähe zwischen den beiden an, die das Kind schneller wahrnimmt als die Mutter. Kein Wunder, denn in Michael sind Kräfte wachgeworden, die ihn zur Identifikation mit dem listigen Jungen und den Räubern aus dem Märchen treiben. Nun will er diese auch in seinem Alltag einsetzen und leben können. Er erstarkt zusehends, er beginnt sich ein wenig zu vertrauen, und damit traut er sich auch immer mehr zu. Die Mutter ist noch kaum in den analytischen Prozeß eingestiegen, zeigt aber in ihrem Bild deutlich, wie der eine Baum Frühlings- oder Sommerlaub, der andere Herbstlaub trägt. Seine Krone ist im Laufe der Zeit abgeschlagen worden. Die Frau ist in ihrem Wachstum gebremst worden, hat sich bremsen lassen, hat sich auch selbst gebremst. Herbstlaub wird abfallen, um im nächsten Frühjahr neuem Laub Platz zu machen. Das Gesetz von »Stirb und Werde«, dem wir alle – ob bewußt oder unbewußt – unterstellt sind, wird ihr zunehmend deutlicher. Aber im Gegensatz zu ihrem Kind hat sie Boden unter den Füßen, allerdings ist der Weg steil, er weist auch eine Vergabelung auf; das Ziel ist nicht sichtbar, also auch nicht in Reichweite. Erstaunlich ist die Farbigkeit des Bildes in Anbetracht der seelischen Not, in der diese Frau steckt. Ihre Depression – in den Grautönen der unteren Bildhälfte sichtbar werdend – ist eine Reaktion auf fehlendes Selbstvertrauen, auf fehlende Durchsetzungskraft, auf nichtgelebtes Leben und drückt gleichzeitig die Trauer über das Versäumte aus.

Eine weitere Parallele zu ihrem Sohn wird deutlich, als sie wenig später ihren Zustand der Depression malt (Abb. 4): Es ist, als würde ein schwarzer Krebs ihr Leben (Rot!) und damit ihre Lebendigkeit derart überdecken und in die Zange nehmen, daß daraus bloß noch ein roter Blutstropfen fließt! Rings herum herrscht Grau vor, wo hingegen beim Jungen der schwarze Fleck in der Leere, im grauenvollen Nichts schwebt. Beide machen eine ähnlich zentrale Aussage über ihre emotionale Situation. Keines hat die Bilder des anderen gesehen.

Ihre seelische Lage läßt die Mutter in Hilflosigkeit und einseitigem Hilfesuchen bei einer göttlichen Instanz erstarren: Sie fürchtet sich vor dem Leben, ist vollkommen angsterfüllt und wird zur bremsenden Mutter im Traum des Jungen oder zur einschließenden Mutter im Märchen der Heckentür. Ich habe dieses Märchen in der Absicht gewählt, Michael – ohne jede Interpretation meinerseits – diese Situation bewußter zu machen. Es soll ihm auf einer nonverbalen, emotionalen Ebene aufzeigen, daß er durch entsprechenden Mut, Neugier und Pfiff die enggesteckten Grenzen der Mutter (Hecke und Gartentür) sehr wohl durchbrechen kann. Er sollte so weit kommen, daß er erfahren kann, wie sehr seine Ängste im Grunde genommen die Ängste seiner Mutter vor dem Leben

Abb. 4. Michaels Mutter: Darstellung ihrer Depression

sind – Hecke und Tür bewahren vor dem Leben. Er müßte diese Ängste dann nicht mehr weiter tragen, sondern könnte sie vielmehr abgeben und damit hinter sich lassen. Die Wirkung des Märchens bleibt nicht aus: Etwa zwei Monate später kommt der Junge von sich aus nochmals auf dieses Märchen zu sprechen. Er möchte erneut eine Szene daraus malen, und zwar eine Fortsetzung, weil ihn der Schluß zu diesem Zeitpunkt nicht mehr befriedigt (Abb. 5).

Bruder und Schwester verlassen endgültig Haus und Garten der Mutter, ohne die Heckentür mit sich zu nehmen. Sie gehen auf einem Weg nach rechts, das heißt auf die Welt zu, auf eine Zukunft hin gerichtet, miteinander weg. Der Junge hat noch die grünen Hosen von seinem ersten Bild an, die schwarzen Kleider sind aber blauen und roten (das zu seinem Ärger nicht recht leuchten wollte) gewichen. Das Mädchen hat Gestalt angenommen, und zwar deutlich weibliche. (Ich kann mir sogar vorstellen, daß er hier unbewußt seine Mutter dargestellt hat, die er aus ihrem eigenen »Gefängnis« herausführt.)

Das krankmachende Abgeschiedensein von der übrigen Welt wird mit grellem, giftigem Grün zum Ausdruck gebracht; Grün ist nicht nur die Farbe des Wachsens, sondern gleichzeitig auch die Farbe der Unreife. Die beiden Geschwister lassen diese Situation hinter sich. Das Ganze spielt sich auf einem Untergrund ab, der trägt, im Hintergrund der Wald. Michael hat Boden unter die Füße und einen eigenen Lebensraum bekommen, nun kann er ohne meine Hilfe weitergehen ...

Ich kann der Mutter die Verantwortung für die Erziehung ihres Kindes nicht abnehmen. Denn Erziehung und Verantwortung dafür sind für sie gleichzeitig eine Chance zur eigenen Reifung. Was beim Kind dank intensivem therapeutischem Einsatz und der aktiven Teilnahme der Mutter innerhalb eines halben Jahres möglich war, wird beim Erwachsenen zu einem langwierigen, wenn auch im Endeffekt beglückenden, weil befreienden Prozeß von annähernd sieben Jahren!

Abb. 5. Michael: Selbsterfundener Schluß zum Märchen »Die Heckentür«

Das Kind als Opfer des Vaters
*Ein Mädchen hat
unter der Neurose seines Vaters zu leiden*

Der Tatbestand sexueller Mißhandlung durch den eigenen Vater trifft häufiger zu, als im allgemeinen angenommen wird. Leider wird er auch heute noch oft verschwiegen: Der Vater wird sich hüten, sein Geheimnis selbst zu lüften, denn es droht ihm unweigerlich vom Gesetz her Strafe. Und die mißhandelte Tochter ist ihrerseits bedroht: Beim Durchbrechen des Schweigens ist sie der Bestrafung durch den Vater sicher. Die Ehefrau und Mutter – oft verschwiegene Mitwisserin – hütet die sexuellen Fehltritte ihres Mannes um der »Familienehre« willen als Familiengeheimnis. Außerdem möchte sie sich der männlichen Rache nicht einfach ausliefern. Zudem ist sie oft noch stark von patriarchalem Geist geprägt, der dem Mann bekanntlich übermäßige Triebbefriedigung unter dem Aspekt der Naturnotwendigkeit zugesteht. Das wird sogar als besonders männlich eingestuft – je triebhafter, desto männlicher –, so daß sie ihr Stillschweigen vor sich selber rechtfertigt und vielleicht sogar froh ist, wenn ihr Mann außer ihr noch ein anderes Opfer gefunden hat. Die Tochter kann nicht frühzeitig genug in die gesellschaftlichen Strukturen des Gebots »Das Weib sei dem Manne untertan« (Epheser 5,22) eingeführt werden. Warum soll sie es besser haben? Ein einseitig destruktives Solidarisierungsgefühl der Machtlosen gegenüber der Autorität »Mann« macht sich hier bemerkbar.

Ich bin mir im klaren, daß ich das Primat des Mannes in unserer Gesellschaft damit überdeutlich dargestellt habe. Dies scheint mir aber all jenen Frauen gegenüber gerechtfertigt zu

sein, die erkannt haben, daß unsere westliche Gesellschaft nur dann eine Überlebenschance hat, wenn wir endlich die Gleichwertigkeit der Geschlechter anerkennen und in unserem Denken und Handeln, in unserem Alltag realisieren können.
Dem Mann nicht mehr Triebfreiheit zuzugestehen als der Frau, das könnte ein Schritt auf dem Weg sein, sexueller Vergewaltigung der Frau durch den Mann ein Ende zu setzen, was unter anderem die Voraussetzung für einen freieren Umgang der Geschlechter miteinander schaffen könnte. In der gegenseitigen Achtung liegt meiner Ansicht nach das Zukunftspotential der westlichen Kultur.

Das zweite Kapitel meines Buches ist exemplarisch. Es geht mir dabei nicht nur um den dargestellten Einzelfall; ich will daran vielmehr das Allgemeingültige aufzeigen. Der Ablauf ist weder an die beiden Einzelpersonen noch an deren Alter oder deren soziale Umstände gebunden. Es ist ein Ereignis, das sich zwischen Vater und Tochter – aus meiner Sicht zu beider Nachteil – abspielen kann. Mit dem Aufzeichnen dieses exemplarischen Vorfalls möchte ich vor allem auch jene Leser, die im pädagogischen Sektor tätig sind, zu bewußterem Hinhören und Aufmerksamwerden ermuntern und sie motivieren, das tabuisierte Thema mutig aufzugreifen.

Ein vorher in seinem Verhalten unauffälliges Mädchen ordnet sich nach langen Ferien plötzlich nicht mehr in die Spiele der übrigen Kinder im Kindergarten ein. Sie zieht sich zurück, zerreißt und zerschneidet in einer Ecke ganze Bögen von Papier in kleine Fetzen und überkritzelt ihre fertigen Basteleien, die unter der Anleitung der Kindergärtnerin hergestellt werden, mit schwarzem Stift. Auf Fragen der Kindergärtnerin bezüglich ihres ungewohnten Verhaltens antwortet die Kleine nicht; sie ist außerstande, die dargebotene Hilfestellung der Erwachsenen anzunehmen, im Gegenteil, sie verkriecht sich noch mehr in sich und wird noch aggressiver den anderen Kindern gegenüber, indem sie versucht, deren Spiele zu sabotieren. Sie stellt sich damit außerhalb ihres sozialen Bezugssystems – Ausdruck psychischer Gestörtheit oder Signal seelischer Not?

Am Ende eines Nachmittags, als alle Kinder nach Hause gegangen sind, nimmt die Kindergärtnerin das kleine Mädchen zu sich an ihren großen Schreibtisch, legt ihm ein Blatt Papier und Farbstifte hin und fordert es auf, seine Familie zu zeichnen.

Darstellungen des Menschen geben Aufschluß über das Menschenbild, das der Zeichner hat. Dies gilt für Künstler wie für Laien, für Maler wie für Analysanden und Patienten, für Erwachsene wie für Kinder. Wenn also ein Kind Menschen, insbesondere seine Familie zeichnet, wird aus der Art der Darstellung ersichtlich, wie es das einzelne Familienmitglied oder eben die ganze Familie und deren Beziehungen untereinander erlebt und erfaßt.

Das Auffälligste an Elisabeths Familienbild ist die Tatsache, daß sie es nicht fertigbringt, die Familie auf ein einziges Blatt zu zeichnen; sie scheint die Familie gefühlsmäßig nicht als ein zusammengehörendes Ganzes, als eine Einheit zu erleben. Sie stellt die Zerrissenheit der Familie unter anderem dadurch dar, daß sie jedem Familienmitglied ein eigenes Blatt zuordnet. Elisabeth zeichnet ihre Bilder in folgender Reihenfolge: Mutter – Elisabeth – Bruder – Vater.

Diese Reihenfolge weist auf die Bedeutung der Mutter für Elisabeth hin: Sie steht an erster Stelle. Das ist aber an und für sich nichts besonders Auffälliges, wenn man bedenkt, welch zentrale Rolle die Mutter im Leben jedes Kindes innehat. Elisabeth steht eine vollständige Farbstiftschachtel zur Verfügung; sie wählt nur Violett und Rot: Violett für die Mutter, Rot für die Kinder und den Vater. (Zur Verdeutlichung möge der Leser die Figuren in den Schwarzweißabbildungen mit den entsprechenden Farben nachzeichnen.) Dadurch gibt sie der Mutter eine Sonderstellung, Violett als Farbe scheint für Elisabeth nur zu ihr zu passen. Die Gleichfarbigkeit der drei übrigen Familienmitglieder drückt etwas Gemeinsames aus, das aber nicht zu einem inneren Zusammengehörigkeitsgefühl, zu einer Harmonie führte, denn die drei finden sich nicht zusammen auf einem Blatt. Rot ist immer Ausdruck starker Emotionalität. Das Rot in der Verwendung für diese drei

Figuren symbolisiert ein gemeinsames, stark emotional gefärbtes Erleben, von dem die Mutter ausgeschlossen ist und das eventuell auch weiterhin bleiben soll. Violett als Mischfarbe von Rot und Blau – dies sind von ihrem Symbolgehalt her zwei gegensätzliche Farben – weist auf eine versöhnende, Extreme vereinigende Haltung hin. So erlebt das Kind seine Mutter.

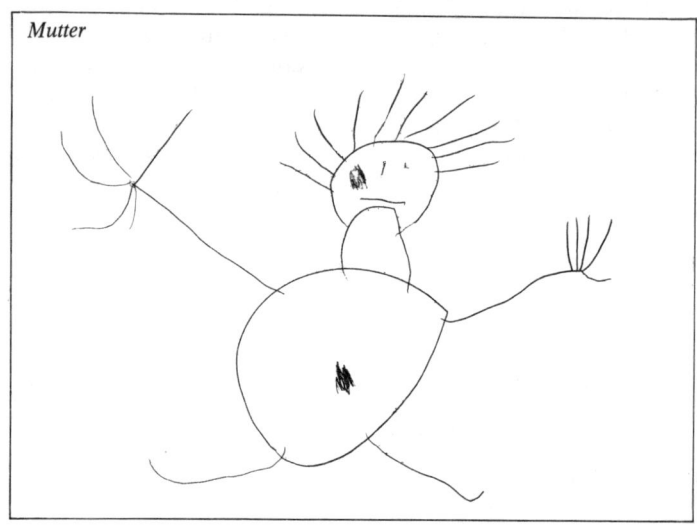
Mutter

Elisabeth

Elisabeth gibt der Mutter auch alle Körperteile, die sie mit viereinhalb Jahren kennt. Ihr Körperschema besteht im Augenblick aus Kopf-Hals-Leib-Armen-Beinen, wobei sie betont, daß die Arme der Erwachsenen dem Leib entspringen, diejenigen der Kinder dem Hals: aus der Perspektive des Kindes verständlich. Die Mutter ist also vollständig, intakt.

Sich selber hat Elisabeth an der linken Hand nur vier Finger gezeichnet, eventuell ein Hinweis auf ihre Behinderung (linksseitige spastische Cerebralparese). Der etwas stärkere Druck bei der Führung des Farbstiftes gegenüber der Mutterfigur verrät zunehmende Emotionalität, die sich in den langen Haarstrichen und im Gekritzel im Gesicht des Vaters noch steigert.

Die langen Haare des Vaters auf der Zeichnung fallen um so mehr ins Gewicht, als er in Wirklichkeit einen kurzen Haarschnitt trägt. Sie gehen vom ganzen Gesicht aus und verleihen ihm insofern etwas Bedrohliches, als diese langen, geraden Striche eher etwas Hartes (Stacheln?) darstellen, die alles vom Gesicht fernhalten und keine Annäherung zulassen. Es sind neun »Haare«. Die Neun (3 × 3) drückt in der Symbolik der Zahlen allgemein eine dynamische Kraft aus. Die Neun ist im Bild mit den Haaren verbunden, die im Bereich der Symbolik unter anderem als Ausdruck des Geistes – sie entwachsen dem Kopf als dem Sitz des Geistes – gelten.

In der Art der Strichführung, der langen, mit Druck hingezeichneten Haarlinien, zeigt sich ein starker Affekt. Anzahl der Haare, dargestellter Inhalt, Farbe und Strichführung weisen insgesamt auf eine bei Elisabeth Furcht auslösende, männlich-geistige Aggressivität hin. Außerdem sind im Gegensatz zu den anderen drei Figuren Augen und Nase nicht mehr einzeln zu erkennen; sie sind zu einem großen Fleck überkritzelt worden, wie zugedeckt oder ausgelöscht: ein Versuch des Mädchens, sich vor dem Gesicht des Vaters zu schützen? Wenn etwas mit so großer Angst besetzt ist, daß das Kind ihr nicht standhalten kann, greift es im Vorschulalter häufig zum Mittel des Überkritzelns. Auf diese direkte Weise versucht das Kind, die Nichtexistenz des Gefürchteten herbeizuführen.

Ebenso aufschlußreich für die Art, wie das Mädchen seinen Vater erlebt, ist das Fehlen seines rechten Armes samt der

Hand, während sonst alle drei übrigen Figuren zwei Arme haben. Vater und Kind strecken ihre Arme und Hände in auffallend horizontaler Weise aus, die an eine Abwehrgeste im Sinne von »Rühr-mich-nicht-an« erinnern. Nur die Arme der Mutter sind leicht angewinkelt, der linke sogar etwas gebogen, was ihn weicher macht und eher ein »Zu-ihr-Herankommen« ermöglicht.

Eine Beschädigung an dargestellten Bildinhalten – wie oben anhand des Gesichtes des Vaters aufgezeigt – gilt immer als sehr deutliches Signal, ebenso das Fehlen oder Weglassen eines Inhaltes, der natürlicherweise dargestellt werden müßte. Fehlen signalisiert die Gefahr, die vom Nichtdargestellten ausgeht, oder auch das »Noch-nicht-wahrgenommen-Haben«. Letztere Deutungsweise entfällt, da das Mädchen durch die übrigen Menschendarstellungen zeigt, daß es den Menschen als mit zwei Armen versehen erkannt hat. Auslassen anstelle von Übermalen kann auch ein Hinweis dafür sein, daß die vom weggelassenen Gegenstand ausgehende Gefahr derart bedrohlich ist, daß das Kind noch nicht imstande ist, den Gefahrenauslöser darzustellen. Es ist nicht in der Lage, ihn sichtbar in Erscheinung treten zu lassen, um ihn sofort mittels Durchstreichen oder Überkritzeln unschädlich zu machen.

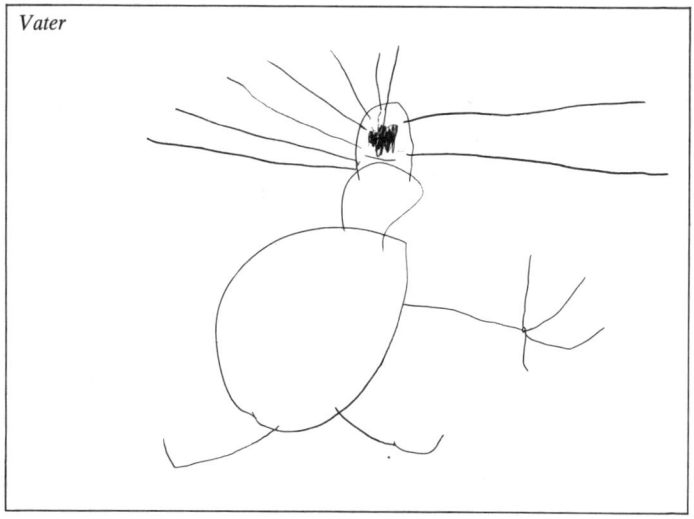

Vater

Dem Vater fehlt der rechte Arm. Das drückt aus, daß der rechte Arm samt der Hand des Vaters für das Mädchen derart angstbesetzt ist, daß es diesen einfach wegläßt: Die Gefahr wird gebannt, indem sie nicht gesehen wird. Ebenso fehlt dem Vater der Bauchnabel, der bei den übrigen Figuren mit Betonung hingesetzt worden ist. Die Zone des väterlichen Bauchnabels wird demnach emotional als gefährlich erlebt; das Mädchen ist noch nicht einmal in der Lage, den Nabel zu zeichnen.

Was anhand der Darstellungsart, der Farb- und Zahlensymbolik über das Zeichnen der Haare und des Gesichtes erkannt werden konnte, nämlich eine Aggressivität des Geistes, taucht durch das Fehlen von rechtem Arm und rechter Hand in anderer Form nochmals auf: Das Kind fühlt sich durch rechten Arm und rechte Hand des Vaters so sehr bedroht, daß es beides wegläßt. Arm und Hand dienen zum Handeln, also fürchtet sich das Kind nicht nur vor der geistigen Aggressivität des Vaters (Worte, Drohungen und ähnliches), sondern ebenso vor seinem handelnden, tätlichen Zugriff. Der Angstaffekt des Kindes ist aber noch gebunden, es wagt sich nicht einmal darstellerisch daran.

Das Bild des Bruders scheint ohne allzu große Angst gezeichnet zu sein.

Bruder

Zusammenfassend läßt sich sagen, daß Elisabeth die Familie nicht als Ganzes, als eine Einheit erlebt, in der man geborgen sein könnte. Der innere Zusammenhalt scheint ihr zu fehlen. Oder ist er ihr im Laufe der Jahre verlorengegangen? Elisabeth selbst kann dazu keine verbalen Aussagen machen; zeichnerisch hat sie jedoch alles, was sie nicht sagen kann, auf dem Papier ausgedrückt. Elisabeth spricht auch mit der Kindergärtnerin nicht über ihre Zeichnungen. Aber zu Hause nimmt sie sofort einen neuen Anlauf zum gleichen Thema mit den gleichen Mitteln der zeichnerischen Darstellung. Und wiederum braucht das Kind für jedes einzelne Familienmitglied ein Blatt für sich. Auch mit der Mutter spricht sie sich nicht in Worten über das Inhaltliche aus. Ob Elisabeth hofft oder sogar erwartet, von ihrer Mutter in ihrer bildhaften Aussage wortlos verstanden zu werden? Auf die Frage der Mutter, warum sie die Familie nicht auf einem Blatt darstellt, antwortet sie nicht. Sie kann auch auf die mütterlicherseits signalisierte Gesprächsbereitschaft nicht eingehen, sie weicht ihr sogar aus und wird nun auch zu Hause – ähnlich wie im Kindergarten – zusehends destruktiver.

Eine Woche später kommt Elisabeth zur Mutter und fordert von ihr spontan und ausgesprochen energisch ein Blatt Papier und Filzstifte. Damit setzt sie sich hin und verkündet lautstark ihren Entschluß, diesmal die ganze Familie auf ein einziges Blatt zu zeichnen.

Das Bild ist in zwei Phasen entstanden.

Aus zwölf verschiedenfarbigen Filzstiften wählt Elisabeth den schwarzen Stift, um damit ihre Familie wie auch den Raum, in dem sich die Familie befindet, zu zeichnen (die beiden Striche am unteren und oberen Bildrand). Schwarz ist keine kindertümliche Farbe; wenn sie vom Kind dennoch verwendet wird, drückt es damit seine innere Not in Form von Angst und Traurigkeit aus. Als die Mutter Elisabeth nach dem Dargestellten fragt, gibt sie die Namen der einzelnen Figuren an. Dazu bemerkt die Mutter, daß jetzt noch der Vater fehle. Schnell nimmt Elisabeth den schwarzen Stift und malt damit Striche, die nach ihrer Angabe Arme und Beine der bereits dargestellten Figuren verkörpern sollen.

Mutter mit Tochter und Sohn (schwarz)
Fußgängerstreifen (gelb)

Danach nimmt sie sehr schnell Gelb, malt die gelben Längsstriche hin und meint dazu: »Jetzt hat Vati keinen Platz mehr!«

Im Augenblick, da die Zeichnung gemacht wurde, bestand demnach für Elisabeth die Familie nur aus der Mutter und den beiden Kindern. Der Vater wird aus dem Lebensraum ausgeschlossen, obwohl zum Zeitpunkt der Zeichnung die Familie noch beisammen wohnt. Aber sie nimmt hier etwas vorweg, über das bis dahin kein Wort gefallen ist: Drei Tage später verläßt die Mutter mit den beiden Kindern fluchtartig das Haus, um nicht mehr dorthin zurückzukehren, nachdem der Vater die ganze Familie wieder einmal bedroht hatte.

Die Figuren beanspruchen nur eine Hälfte des Blattes, ihr Lebensraum ist dadurch recht knapp. Das Kind stellt hier eine Einengung dar, die ihrerseits Ausdruck gegenseitiger Nähe und Zusammengehörigkeit in gemeinsamer Bedrängnis ist. Die Frage der Mutter nach dem Vater löst bei Elisabeth eine Spontanreaktion aus: Sie malt Arme hin, was die beiden dargestellten Kinder aufs engste mit der Mutter verbindet und wohl ein Schutzsuchen der Kinder in der Verbundenheit mit der Mutter ausdrückt. Gleichzeitig bekommt die Mutter drei anstatt zwei Arme, aber nicht in Richtung auf die Kinder zu, sondern in Richtung des noch leeren Raumes. Muß sie eventuell eine von dorther drohende Gefahr abwehren können? Die Dreizahl weist auf die dynamische Kraft hin, die Elisabeth ihrer Mutter zuschreibt. Dadurch, daß die Frauenfigur vom oberen bis zum unteren Strich reicht, kann von der linken, noch leeren Seite her nichts hinübertreten zur ganz rechten Seite, wo die Kinder stehen. Die Mutter wirkt wie eine Schutzmauer, versehen mit drei Armen zur Abwehr.

Anstelle des Vaters auf den noch freien Platz die gelben Striche zu setzen, die nach den Aussagen von Elisabeth eindeutig einen Fußgängerstreifen markieren sollen, zeigt nicht nur den Versuch Elisabeths, den Vater draußen zu lassen, sondern ebenso die Möglichkeit, daß der Vater schnell wieder in die Welt von Mutter und Kindern eindringen könnte: Ein Fußgängerstreifen lädt zum Benützen ein.

Damit dies nicht geschieht, greift das Kind nach einem neuen Blatt und zeichnet anschließend folgendes:

Da ersteht in Windeseile die Gestalt des Vaters, groß, mit roter Farbe, sie nimmt das ganze Blatt in Anspruch, so daß niemand mehr daneben Platz hat – auch nicht etwa eines der beiden noch kleinen Kinder. Der zeitliche Ablauf des Zeichnens wie das Dargestellte selbst lassen die Vermutung aufkommen, daß Elisabeth mit der ihr eigenen Art, das heißt mit den ihr zur Verfügung stehenden Mitteln, durch diese beiden Zeichnungen versucht hat, sich und ihren Bruder in den Schutz der Mutter zu stellen. Die drei sind also als eine Art Schicksalsgemeinschaft – ausgelöst durch eine Bedrohung – auf einem Blatt dargestellt. Schwarz signalisiert die Gefahr, das Ausgeliefertsein und die damit verbundene Angst; die langen Arme stiften Zusammengehörigkeit und Schutz. Den Vater – scheinbar eine Bedrohung (Achtung: Rot!) – allein auf ein Blatt Papier zu bannen, ist wahrscheinlich ein kindlicher Versuch, ihn sozusagen dingfest zu machen.

Dadurch ist er einerseits von der übrigen Familie getrennt, oder anders ausgedrückt: Das Kind hat auf diese Weise versucht, sich den Vater auf Distanz zu halten. Andererseits zeigt Elisabeth damit auch, welche Größe – wohl im Sinn von Macht und Kraft – der Vater für sie hat. Er scheint offenkundig eine Bedrohung für die übrigen drei zu sein. Das Rot weist auf eine tatsächliche Gefahr hin, es ist eine aktive Farbe.

Ein interessantes Detail: Aus dem Leib des Vaters ragen drei Striche hervor, zu denen das Kind überhaupt nichts sagen kann. Dies ist um so auffallender, als es bei diesem dritten Anlauf zum Zeichnen mit der Mutter über das Dargestellte redet, zu diesen drei Strichen jedoch jeden Kommentar verweigert, aber sichtbar angespannter wird. Zwei der drei Striche sehen einander ähnlich, wahrscheinlich sollen diese die Beine darstellen; mit dem dritten Strich in der Mitte, der im Unterschied zu den beiden anderen unten einen kleinen Bogen aufweist, könnte durch den Ort seiner Darstellung und die Unterscheidung von den beiden anderen Strichen das männliche Glied gemeint sein. Auf der vorangegangenen Zeichnung der Mutter mit den Kindern hat sich Elisabeth an der gleichen Stelle drei Striche gezeichnet, die – verglichen mit den anderen, nachträglich hinzugefügten, die Arme verkörpernden Strichen – nachdrücklicher hingezeichnet wurden. Diese Parallele der beiden Figuren weist auf etwas Gemeinsames zwischen Vater und Tochter hin, worüber das Kind sich nur mit dem Mittel der bildlichen Darstellung, nicht aber mit dem Mittel der Sprache ausdrücken kann.

Rot gilt in der Farbsymbolik ebenso als Farbe der Liebe wie bedrohender Aggressivität. Der Versuch, auf dem vorangegangenen Familienbild den Vater auszuschließen, läßt daher die Wahl des Rot auf diesem Bild nicht als Liebe zum Vater (oder des Vaters) interpretieren, sie ist vielmehr ein Hinweis auf die Gefährlichkeit des Vaters aus der Sicht des Kindes.

Nicht einmal die liebevolle und äußerst geschickte emotionale Zuwendung der Mutter, zu der Elisabeth eine enge Beziehung hat, ermöglicht es dem Mädchen, was es so sehr bedrückt, in Worte zu fassen – so stark scheint das Ereignis zu wirken. Elisabeth hat ja sogar im Kindergarten ihre Kontaktfähigkeit verloren und kann nachts kaum ein- noch durchschlafen. Der innere Druck steigt immer mehr – durch das Zeichnen ist etwas in Bewegung geraten, das freigesetzt werden muß. So entsteht andertags zu Hause eine neue Zeichnung, diesmal für die Kindergärtnerin; nach Auskunft des Kindes hat es darauf seinen Vater und sich dargestellt. Mehr will oder kann Elisabeth dazu nicht sagen (Abb. 6).

Die Umrisse der beiden Figuren sind schwarz gezeichnet. Bei beiden Figuren sind die Gesichter blau durchgestrichen, richtiggehend übermalt. Ein Geschehen wird dargestellt, das offenbar nicht gesehen werden soll – die Augen sind übermalt. Auch gesprochen werden soll darüber nicht – der Mund ist übermalt. Es darf nicht mehr »gehandelt« werden – beide Arme und Hände sind blau überschmiert. Also sollen auch sie unsichtbar gemacht und ihre Taten zugedeckt werden.

Weglassen, Durchstreichen, Übermalen, Zerreißen und Zerschneiden sind Mittel, mit denen sich das Kind auf ihm gemäße Art aggressiv zur Wehr setzen kann. Durchstreichen, Durchkritzeln, Übermalen dient dem kindlichen Versuch, ein Geschehen nachträglich zunichte oder ungeschehen zu machen: Das Kind trägt seine Aggressionen indirekt über diese Mittel, etwas unkenntlich zu machen, aus.

Warum wurde ausgerechnet die Farbe Blau für die Übermalung gewählt? Blau ist die Farbe von Distanz und Verstand, aber auch des Verrückten und Betrunkenen. Beide Bedeutungen sind in der Interpretation möglich: Die blaue Übermalung könnte einerseits Distanz zu einem auszulöschenden Geschehen schaffen, oder das Geschehen wird als verrückt und betrunken erlebt. Das Ganze scheint deutlich ein Versuch zur Bewältigung eines beklemmenden Erlebnisses zu sein.

Aus ursprünglich kurzen Armen des Vaters mit den gespreizten Fingern sind längere Arme herausgewachsen, einer mit einer gestreckten, der andere mit einer geballten Hand, möglicherweise ein Hinweis auf eine schlagende und eine zur Faust geballten Hand. Arm und Hand des Kindes hin zum Vater und dessen Fausthand sind am aggressivsten übermalt worden.

Die Gesamtfigur des Vaters neigt sich leicht vornüber zum Kind hin, der Arm mit der Faust ist angewinkelt, als würde er zum Schlag ausholen.

Was auf den beiden Bildern des Vortages als dritter Strich nicht mit absoluter Sicherheit interpretiert werden kann, erscheint hier nun in direkterer Aussage: Zwischen den Beinen des Vaters ist am anatomischen Ort des Penis ein roter Strich gezeichnet, der – verglichen mit den Beinen – riesige Dimensionen angenommen hat und aus der Perspektive des Kindes (seiner Eckposition im Bild) kein Ende zu haben scheint. Der rote Strich führt bis zum Wandregal, das am oberen linken Bildrand dargestellt ist. In der immer wieder abgesetzten Strichführung bei der roten Linie drückt Elisabeth ihre Hemmung und ebenso ihre Angst vor dem Dargestellten aus. Die rote Linie führt zuerst nach einem Bogen mit häufigem Absetzen – wie zögernd – direkt auf Elisabeth zu. Sie biegt dann mit einem Krakel genau in die Gegenrichtung ab, zuerst noch abgesetzt, dann immer entschiedener auf das Wandregal zu, vom Kind weg.

Eine andere rote Linie zwischen Vater und Kind führt von des Vaters gespreizter Hand hin zur anatomisch einzig möglichen Stelle des Genitals des Mädchens.

Die beiden letztgenannten Linien enthalten durch die Tatsache, daß sie rot gezeichnet sind, neben der sonstigen Verwendung von Schwarz und Dunkelblau Dynamik, Kraft und zeigen erneut ein aggressives, bedrohliches Geschehen auf.

Die kleine blaue Leiter unten rechts ist ein Hinweis auf das Schlafzimmer im Ferienhäuschen, das als einziger Raum, der

Elisabeth bekannt ist, eine Leiter aufweist, und zwar für das Kajütenbett.

Hier wird eindeutig eine sexuelle Handlung des Vaters an seiner Tochter im Schlafzimmer des Ferienhäuschens dargestellt. Während der Ferien hat der Vater hier mit seinen beiden Kindern allein ein paar Tage verbracht.

Ein Einzelfall? Leider nicht, nur wissen wir zu wenig davon, weil das Geschehen allseits derart belastend ist, daß Beteiligte wie Betroffene kaum wagen, darüber zu sprechen, oder dies nicht vermögen.

Wären die Zeichnungen sofort entsprechend verstanden worden – und für die betroffenen Kinder ist es wichtig, auch ohne Worte verstanden zu werden –, so hätte Elisabeth weniger lang allein bleiben müssen mit ihrem qualvollen Geheimnis, das sie in eine Isolierung gegenüber der näheren wie weiteren Umwelt getrieben hat, aus der herauszukommen um so schwieriger wird, je länger sie andauert.

Nun könnte gefragt werden, ob es sich bei dem Dargestellten nicht etwa um ödipale Phantasien Elisabeths ihrem Vater gegenüber handelt. Was zeigt uns, daß sie Aussagen über ein reales Geschehen macht?

Einerseits zeigt Elisabeth eine massive Veränderung ihres bisher unauffälligen sozialen Verhaltens: Sie gerät mehr und mehr in die Isolation, sie sabotiert plötzlich die Spiele anderer Kinder. Sie kann sich weder der Mutter noch der Kindergärtnerin mitteilen. Zusätzlich entwickelt sie für ein Kind dieses Alters ungewöhnliche Symptome wie Ein- und Durchschlafstörungen. Anderseits geht aus der Art, wie sie ihre Familie und besonders die Beziehung zu ihrem Vater darstellt, hervor, daß das Gefühl der Zusammengehörigkeit völlig fehlt. Liebevolle Emotionen dem Vater gegenüber werden nirgends deutlich. Das alles spricht für eine massive seelische Notlage des Kindes. Es ist mit ödipalen Phantasien, die eher lustbetont sind, nicht vereinbar.

Abb. 6. Elisabeths Schlüsselerlebnis

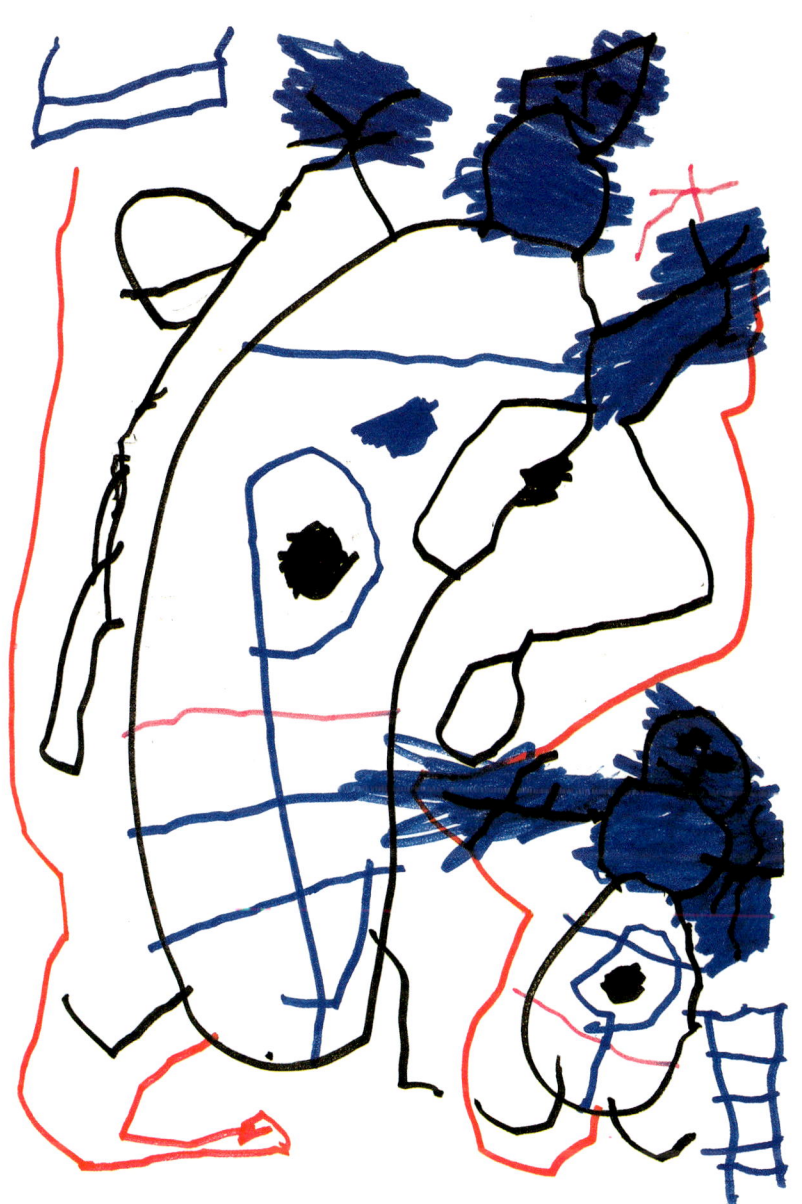

Ich habe eingangs die Behauptung aufgestellt, daß es sogar dem Täter, hier dem Vater des Kindes, zum Nachteil gereiche, wenn das Geschehen unausgesprochen bleibt. Es zwingt ihn zuerst zur bewußten Lüge, dann zur unbewußten Verdrängung, die ihrerseits Kraft kostet und Druck erzeugt. Eine Verarbeitung wird so zusehends weniger möglich und eine Wiederholung sehr viel wahrscheinlicher. Mit Psychotherapie könnte der hinter solchen Delikten verborgene Triebkonflikt möglicherweise aufgedeckt und verarbeitet werden, so daß er in Zukunft nicht mehr auf dem neurotisch-pathologischen Weg der Kindesmißhandlung ausgetragen werden müßte.

Das vorliegende Beispiel macht deutlich, wie sehr Kritzeln und Zeichnen für das kleinere Kind eine ihm adäquate Ausdrucksweise ist – ganz besonders auch dann, wenn ihm Worte fehlen, weil die Angst so groß ist.

Die Familie zu zeichnen ist eine Möglichkeit, auf nonverbale Art emotionale Spannungen zu Papier zu bringen, die die Familienbeziehung betreffen, unter denen das Kind leidet, die es aber allein nicht lösen kann. Absichtlich ist in diesem Kapitel vermieden worden, einen theoretischen Hintergrund zum Thema »Familienzeichnung« aufzurollen.

In der Testpsychologie wird die Zeichnung der Familie systematisch als projektives Verfahren eingesetzt. Mit der Aufforderung »Zeichne deine Familie« werden dem Kind Blatt (meist A4-Format) und Bleistift ausgehändigt; während des Zeichnens wird es genau beobachtet, so daß nachher die Reihenfolge des Dargestellten bekannt ist. Bei der Beurteilung spielen weitere Faktoren, wie der den Familienmitgliedern zugeteilte Platz, deren Größe, deren Verbindung untereinander, deren Attribute, überhaupt die Art und Weise, wie die einzelnen dargestellt werden, eine Rolle. Im an die Skizze anschließenden Gespräch erfährt der Therapeut weitere Einzelheiten und erhält dadurch einen unverstellten Einblick in die Familiendynamik sowie die Affektkonflikte des Kindes innerhalb des Beziehungssystems der Familie.

In den beiden folgenden Kapiteln wird bei den jeweiligen Familienzeichnungen mehr auf diesen theoretischen Hintergrund eingegangen, indem die Systematik der Interpretation dieser Art von Zeichnungen ausführlich dargestellt wird.

Im vorangegangenen Kapitel habe ich aufgezeigt, wie rasch psychotherapeutische Intervention einem Kind Hilfe bringen kann.

Elisabeth hat sich über das Zeichnen den Weg zur Mitteilung ihres traumatischen Erlebnisses gebahnt.

Bei diesem hochmotivierten Kind und der ausgezeichneten Kooperation der Mutter stellten sich rasch erste Erfolge ein. Elisabeth verlor die Schlafstörungen, wurde konstruktiver und kommunikationsfähiger, sie fügte sich wieder in ihre sozialen Bezüge ein.

Solange die bestehende Rechtsordnung dem Vater jedoch das zeitweise Recht über die Tochter einräumt und dieser so die Möglichkeit bekommt, seine traumatisierenden Mißhandlungen zu wiederholen, muß die Prognose der psychotherapeutischen Behandlung letztlich schlecht bleiben.

Hier wird einem Menschen auf rechtlicher Grundlage die Möglichkeit zu Entwicklung und Entfaltung verwehrt.

Das Kind als Seismograph der Familie
*Ein Mädchen nimmt zuerst
die gescheiterte Ehe seiner Eltern wahr*

Endogene Depression«, lautet die Diagnose eines Vaters für seine elfjährige Tochter.

»Auf keinen Fall – wir konnten ihr als Eltern einfach nicht das geben, was sie als Kind braucht«, ist die Ansicht der Mutter.

Ein schüchternes Mädchen, das sich sein Gesicht mit langen, natürlich gewellten Haaren weitgehend zudeckt, steht vor mir. Nach außen hin kann sie kaum Beziehungen aufnehmen und leidet daher in der Schule Qualen.

»Sie ist dumm, sie hat einen minimalen IQ (Intelligenzquotient) – ein totaler Schulversager«, erklärt mir der Vater.

»Sie traut sich nichts zu; wenn ich mit ihr zu Hause lerne, versteht sie vieles«, erzählt mir die Mutter.

Das Kind steht da. Regungslos, still.

»Machen Sie etwas mit ihr. Sie wird den Übertritt in die höhere Schule nicht schaffen«, lauten Befehl und Devise des Vaters.

»Wir lassen sie das fünfte Schuljahr wiederholen, dann schafft sie vielleicht am Ende des sechsten Schuljahres den Wechsel in die höhere Schule. Wir üben mit ihr und hoffen, daß Sie ihr seelisch helfen können«, sagt die Mutter zu mir, indem sie mich fragend anschaut.

Das Kind steht dazwischen, sagt kein Wort, schaut keines der drei Erwachsenen an.
Diesmal haben beide Eltern zusammen ihr Kind zur ersten Therapiestunde gebracht. Aus Liebe zu ihrem erstgeborenen Kind?

Die gegensätzliche Einstellung zu ihrem Kind und dessen seelischer Verfassung wird bereits in diesem Eingangs-»Gespräch« klar. Sie erzeugt eine derartige Spannung, daß ich einen Augenblick lang das Gefühl habe, sie schneide mir die Luft ab. Wie muß das erst für das Mädchen sein?

Der Vater ist kurz und knapp in seiner Ausdrucksweise, laut, er beansprucht absolute Dominanz. Er hat – als Laie, der die Fachliteratur kennt – die Diagnose für seine Tochter gestellt und damit das Urteil über sie gefällt: vernichtend in Anbetracht des jugendlichen Alters seines ältesten Kindes.

Der Mutter, die als letzte meine Wohnung betreten hatte – der Vater hatte nämlich als erstes seine Tochter buchstäblich vor sich her durch die Tür gestoßen –, scheint, was die Lage ihres Kindes anbelangt, alles etwas weniger klar zu sein. Sie setzt zum Erzählen an, läßt sich dabei aber immer wieder durch ihren Mann unterbrechen, da ihr angeblich Klarheit und Durchsicht fehlen. Sie hat sich dem vernichtenden Urteil über ihr Kind noch nicht angeschlossen, scheint aber ihrerseits dem nichts Eigenes entgegensetzen zu können. Sie spricht in der Wir-Form. Ist das nicht ein Widerspruch?

Der Vater ist von seinem Körperbau her klein. Er sieht mich beim Reden nicht an, manchmal ist mir, als schaue er durch mich hindurch – so, als ignoriere er mich, so, als existierte ich nicht. Was geht wohl in ihm vor?
Als er – von der äußeren Situation her gesehen ganz unmotiviert – lobend und preisend von seinem um nicht ganz ein Jahr jüngeren Sohn zu reden beginnt, wird für mich die Ablehnung der Tochter, des erstgeborenen Kindes, durch den Vater

unübersehbar deutlich. Er hat sie eigentlich abgehakt. Mit seiner Diagnose will er mir im Grunde mitteilen, daß seine Tochter – im Gegensatz zu den beiden anderen Kindern, den Söhnen, und hier insbesondere zum älteren als seinem Stammhalter – ein hoffnungsloser Fall ist.

»Psychotherapie ist wie Schönheitschirurgie. Sie heilt nicht, sie deckt nur zu, der Schein trügt. Ich glaube nicht an die Wirkung von Psychotherapie«, wirft er mir im Lauf des Gesprächs zu. Damit stempelt er seine Tochter, die inzwischen im Nebenzimmer mit kleinen Figuren spielt, noch mehr zum hoffnungslosen Fall ab, indem er die Therapie, bevor sie überhaupt begonnen hat, in Frage stellt.

Warum bringt er denn die Tochter überhaupt zu mir? Aus seinem ganzen Verhalten, das mich gleichzeitig erschüttert und wütend macht, kommt mir im Grunde genommen ein kleinmütiger, unsicherer, gekränkter, angstvoller Mann entgegen, der seinen Gefühlen und seelischen Regungen hilflos ausgeliefert ist. Er überspielt seine Hilflosigkeit durch sogenanntes männliches Imponiergehabe. Damit versucht er, mich auf eine falsche Spur zu bringen; er macht mir jedoch nur seine eigene Not deutlich, die er für mich zusehends auffälliger zu überdecken versucht. Seine Nervosität äußert sich bereits in sichtbarer physischer Erregung.

Die Mutter scheint sich und das, was in ihrer Tochter vorgeht, weniger losgelöst von sich zu erleben; sie kann es nicht einfach von sich schieben.
»Das ist halt bei Frauen so«, meint der Ehemann, »die können in ihrer Emotionalität nichts klar erfassen« (lies: sie sind dumm).
Aber die Mutter spürt deutlich und versucht es auch zum Ausdruck zu bringen, daß der jetzige Zustand ihrer Tochter mit der elterlichen Haltung und Einstellung ihr gegenüber verbunden ist. Ihre Angst und Besorgnis um das Kind, aber auch all ihre Hoffnungen liegen offen da. Als Frau kann sie ihre Gefühle und seelischen Regungen nicht so überspielen, aber sie flüchtet gleichzeitig zum »Wir«, ein unbewußter Solidarisierungsversuch mit ihrem Mann. Sie will beiden gerecht

werden. Sie weiß von Pädagogik und Psychologie her, daß ein Kind nur dann gut gedeihen kann, wenn Mutter und Vater sich in Übereinstimmung liebend dem Kind zuwenden, beide Verantwortung tragen.

Sehnt sie sich nach Übereinstimmung mit ihrem Mann? Versucht sie, sich durch das sprachliche »Wir« vor der Täuschung zu schützen? Hat sie Angst vor der Ent-Täuschung?

Der Mann lehnt die Ausdrucksweise der Frau ab: »Du bist schuld an der Misere, du hast zu Beginn von Barbaras Leben vieles falsch gemacht. Du verwöhnst das Kind.«

Die Frau ist zuerst wie gelähmt, bricht dann aber aus der Starre hervor, indem sie ihrerseits dem Mann Vorwürfe macht: »Du liebst das Kind nicht; du warst enttäuscht, weil ich mit dem ersten Kind nicht gleich einen Stammhalter geboren habe; du schämst dich wegen deines dummen Kindes.«

Das »Wir« ist durchbrochen. Gegenseitige Anklagen, Vorwürfe, Haß, Enttäuschung. Und nun wird das Rivalisieren deutlich: Mit den gegenseitigen Vorwürfen und Beschuldigungen will ein Elternteil dem anderen demonstrieren, wer es besser macht in der Erziehung. Jeder beansprucht zu verstehen, was im Kind vorgeht, und spricht gleichzeitig dieses Wissen dem anderen ab. Jeder weiß besser als der andere, was das Kind dringend braucht.

Ich sitze dazwischen – symbolisch anstelle des Kindes. Denn beide suchen meine Bestätigung, Frau und Mann je auf die ihnen eigene Art. Streit und Zank, gegenseitige Anschuldigungen und einseitiges Sich-Loben: Der Mann steigert sich in dieses tödliche Rivalisieren hinein, die Frau ist mit einem Mal daraus ausgestiegen, wird still, sinkt in den Stuhl und damit wohl in sich zurück, ist traurig, scheint hoffnungslos und am Ende ihrer Kräfte zu sein.

»Glauben Sie, Sie könnten unserem Kind helfen?« Ich spüre, wie sich die Frau mit dieser Frage an mich als die letzte Möglichkeit klammert.

Ist das elfjährige Mädchen tatsächlich endogen, das heißt aus inneren Ursachen, die unbekannt und kaum beeinflußbar sind, depressiv, oder ist ihre Depressivität die ihr einzig mögliche Antwort auf die Entzweiung der Eltern, die, vordergründig gesehen, ihretwegen zustande gekommen ist?

Auch Barbara fordere ich auf, ihre Familie zu zeichnen. Was dabei entsteht, ist wohl auch für ein nichtgeschultes Auge auffällig.

Barbara ist ungeschickt im Zeichnen; ich habe sie durch meine Aufforderung gleich zu Beginn der Therapie an einer ihrer Schwachstellen berührt. Sie fühlt sich gleich als unfähig entlarvt und greift daher nur sehr zögernd erst einmal zum Bleistift; dessen Striche kann sie wenigstens jederzeit wieder ausradieren (Abb. 7).

So entstehen nacheinander Papa, Mama, Barbara, der nur wenig jüngere und zuletzt der viel jüngere Bruder. Fünf Bleistiftköpfe mit annähernd gleichem Mund, gleicher Nase, gleichen Augen, gleichem Halsansatz – zwei der Kinder unterscheiden sich durch die Sommersprossen von den übrigen. Alle bekommen braune Haare, nur der Jüngste blonde. Ein Familienmitglied gleicht dem anderen. Ausdruck von Harmonie oder Monotonie? Oder mangelnde Fähigkeit, sich bildnerisch auszudrücken? Oder Depression? Die Reihenfolge der Familienmitglieder richtet sich streng nach dem Alter, nicht etwa nach Sympathie: Logik anstelle von Emotionalität.

Das emotionale Element schimmert in der Wahl der Farbstifte durch, die zur Bezeichnung der verschiedenen Personen gewählt wurden und denen insofern als Farben immer auch eine emotionale Komponente innewohnt. (Zum Schutz der Familie wurden die von Barbara geschriebenen Vornamen von mir überklebt; zur Bezeichnung der drei Kinder habe ich jedoch die gleichen Farben wie Barbara gebraucht.) Da fällt zuerst auf, daß Vater und Mutter mit Blau respektive Rot bezeichnet werden. Diese beiden Farben drücken – wie schon früher erwähnt – starke seelische Gegensätze aus, die sich vordergründig durch die Tatsache des Mann- beziehungsweise Frauseins erklären lassen. Ich meine aber, daß sie nicht so sehr Aufschluß über das Geschlecht geben, sondern vielmehr den einzelnen Menschen als solchen charakterisieren. Eine Farbe ist in ihrer Bedeutung stets bipolar, indem sie Ausdruck verschiedener oder sogar gegensätzlicher Qualitäten sein kann. Blau ist in der Farbenlehre eine kalte Farbe. Sie ist dem Geist zugeordnet: Denken grenzt ab, schafft Klarheit und damit auch Übersicht und Distanz. In verzerrter Form, im »Blau-Sein«, drückt sich Trunkenheit, Irrealität bis hin zu Verrücktheit aus. Rot wird in der Farbenlehre unter die warmen Farben eingeordnet. Es ist Ausdruck von Liebe, Vitalität, Wärme und schafft emotionale Nähe. In gesteigerter Form, wenn nur noch »rot gesehen« wird, ein Mensch Feuer und Flamme ist, kann es zum Ausdruck heftigster Aggressionen werden. Liebe und Haß – beide werden durch die gleiche Farbe dargestellt. Ich meine, daß Barbara mit der Wahl dieser beiden Farben unbewußt zum Ausdruck bringt, wie unterschiedlich sie selbst ihre Eltern erlebt. Daß ihre Erlebnisweise aber auch einer möglichst objektiven Realitätsprüfung standhält, wird ersichtlich, wenn wir uns nochmals den Ablauf des Eingangsgeschehens vergegenwärtigen. Der Vater beansprucht für sich allein die Fähigkeit zu rationaler Einsicht in die Realität und stellt als Laie eine Diagnose, mit der er die gesamte Situation zu klären in Anspruch nimmt und das Kind im Grunde genommen in die Nähe des Verrücktseins, der Psychose, rückt.

Die Welt des Denkens ist bei ihm scharf getrennt von der Welt der Gefühle. Nirgends dringen Gefühle in Form von Wärme, Verständnis, Einfühlung für sein Kind durch. Kalte Rationalität spaltet ihn von seinen übrigen eigenen Möglichkeiten ab und treibt ihn auch in die Isolation innerhalb der familiären Welt. Dies wiederum nötigt ihn als »Pater familias«, zum Mittel der Macht zu greifen, indem er durch den Einsatz seiner Logik den Anspruch erhebt, als einziger zu wissen, was los ist. Er entfaltet in der Konfrontation mit der Psychotherapie sein ganzes Machtsystem, das ein klassisches Beispiel von Phallokratie verkörpert. Dabei wird zunehmend deutlich, daß er seinen beruflichen Erfolg ohne tatkräftige Mithilfe und seelische Stützung durch seine Frau überhaupt nicht erreicht hätte.

Abb. 7. Barbaras Familie

Abb. 8. Die Familienmitglieder als Tiere

Die Tatsache, daß sie Mama mit Rot schreibt, macht deutlich, daß Barbara die Mutter als den Elternteil erlebt, mit dem sie sich gefühlsmäßig verbunden fühlt. Im eingangs aufgezeichneten Gespräch ist sehr deutlich spürbar, wie die Mutter dem Kind emotional über den Weg des Sich-Einfühlens, Mit-Gehens, Mit-Leidens nahe ist. Ihre Empathie erschwert es ihr sogar oft, klar zwischen sich und dem Kind zu trennen, was die Situation für alle Beteiligten erschwert, nicht zuletzt auch für die Mutter selbst. Sie fühlt sich gegenüber der scharf umreißenden Logik ihres Mannes in der scheinbaren Unschärfe ihrer emotional geprägten Art, Welt und Dinge zu erfassen, in Frage gestellt. Ihr »Wir« ist auch Ausdruck ihrer emotionalen Verbundenheit mit der Familie. Wenn diese aber durch die intellektuellen Attacken des Mannes in Abrede gestellt wird, schlägt bei ihr die Emotionalität in Aggressivität um. Auch sie wird nun in ihren Attacken aggressiv.

Dazwischen steht das Kind. Auf dem Papier hat Barbara sich zwar daneben gestellt – mit der Farbe zu ihrem Namen jedoch dazwischen. Sie hat Violett gewählt, eine recht unkindliche Farbe – Barbara wirkt mit ihren elfeinhalb Jahren noch sehr kindlich. Aber Violett ist keine Grund- oder Primärfarbe, sondern eine Mischfarbe: Blau und Rot miteinander gemischt ergeben Violett.

Barbara leidet schon längere Zeit. Sie ist in ihren schulischen Leistungen so stark abgesunken, daß Lehrer, Eltern wie auch sie selbst an ihrer Intelligenz derart zweifeln, daß sie ihr weitgehend abgesprochen wird. Sie ist nicht mehr in der Lage, Kontakte nach außen hin aufzunehmen; ihre Kinderfreundschaften kann sie nicht mehr aufrechterhalten. Sie erlebt die Welt als feindlich, tritt ihr daher verängstigt gegenüber und kann sich nicht mehr auf sie einlassen. Zu Hause ist Streit: Schon lange hat sie unbewußt wahrgenommen, daß zwischen Mutter und Vater Spannungen bestehen, die sich nie auflösen, sondern immer größer werden. Als Kind ist sie, ohne gefragt zu werden, mitten hineingestellt und gerät dadurch, daß sie sich beiden Elternteilen verbunden fühlt, in einen Konflikt, den sie nicht direkt austragen kann. Sie lebt daher in ständigem Streit mit dem nachfolgenden Bruder, mit dem sie ihren primären Konflikt auszutragen versucht.

Den Eltern gegenüber steht sie in einer Vermittlerrolle: Sie liebt beide und möchte daher beide miteinander versöhnen. Zusätzlich versucht sie, den Konflikt zu verschieben, indem sie sich selbst durch ihr Verhalten zum Zankapfel macht. Da die Eltern aber bewußt ihren eigenen Konflikt noch gar nicht wahrhaben wollen, ist beiden das Verhalten des Kindes unverständlich – um so größer und unerträglicher wird die Spannung für das Kind. Barbara zieht sich in Resignation, Regression, Entwicklungsstillstand zurück und vergrößert damit den Abstand zwischen sich und den Eltern. Damit wird sie aber immer mehr zu deren Streitobjekt. Der Teufelskreis ist da.

Der Name des nächstjüngeren Bruders ist mit Blaugrün geschrieben, was ihn in die unmittelbare Nähe zum Vater bringt. Als Stammhalter muß er einmal all die intellektuellen Anforderungen, die der Vater auch an ihn stellt, erfüllen. Ihn beansprucht der Vater als sein bevorzugtes Kind; zu ihm hat er eine Nähe, die aber nicht auf einer warmen, emotionalen Basis gründet, sondern vielmehr in der Ängstlichkeit einer übergroßen Erwartungshaltung, die jederzeit in ausschließlich fordernde, kalte Rationalität umschlagen kann.

Der Name des jüngsten Bruders, der ein Nachzügler ist, wird mit reinem Rot bezeichnet. Damit drückt Barbara wahrscheinlich dessen Geborgenheit in der Familie aus. Aus späteren Gesprächen wird ersichtlich, daß die Mutter bei ihrem dritten Kind eine innere Reife erreicht hat, die ihr bei den beiden ersten Kindern noch fehlte und die es ihr ermöglicht, ihrem jüngsten Kind den Schutz zu geben, den es braucht. Das ermutigt den Jungen, sich seinerseits soviel Wärme zu holen, wie er braucht. Daß dies Eifersucht bei den beiden älteren Kindern auslöst, liegt auf der Hand.

Vielleicht könnte man denken, die Bedeutung der Wahl der Farben zur ausschließlichen Personenbezeichnung sei von mir überinterpretiert worden. Das wäre aus der Sicht des Laien verständlich, nicht aber aus derjenigen des Psychotherapeuten. Den Farben als den sichtbaren Vertretern emotionalen Lebens fällt auf einer Zeichnung große Bedeutung zu. Auf dieser Zeichnung werden sie nur in den erwähnten Zusammenhängen und zusätzlich zur Darstellung des Baumes benutzt. Durch die sparsame Benutzung fallen sie erst recht ins Gewicht.

Alle Figuren sind geköpft oder meinetwegen »entleibt«. Bei genauem Hinsehen wird ersichtlich, daß Barbara versucht hat, ihrem Vater einen Leib zu geben; sie hat die Bleistiftkonturen aber sofort wieder ausradiert, weil sie ihren Versuch der Darstellung unmöglich fand – sie »kann« ja, in ihren Worten ausgedrückt, »nicht zeichnen«. Sie kann schon zeichnen, aber nicht gut; sie ist gehemmt, denn bei allen Dingen, die ihr nicht gut gelingen, wird ja sichtbar, daß sie eben linkisch, ungeschickt, kurz: dumm ist. Ihr Selbstwertgefühl ist derart gestört, daß sie Unzulängliches sofort unterdrückt, wo ihr dies möglich ist. Sie wagt keine Versuche mehr. Aus Fehlern zu lernen, eine der fruchtbarsten Tatsachen innerhalb jedes Lernprozesses, bleibt ihr daher versagt. Aber vielleicht ist es bezeichnend, daß sich das zeichnerische Versagen ausgerechnet am Leib des Vaters manifestiert. Welche Bedeutung hat wohl das leibliche Erleben in dieser Familie? Gibt es da noch Austausch von Zärtlichkeiten? Fassen sich diese Menschen überhaupt noch an der Hand an, um eine Verbundenheit leiblich zu spüren und auszudrücken? Können sie sich überhaupt noch streicheln, einander in die Arme nehmen, über das Haar fahren?
Die Macht des Geistes – ich neige dazu zu sagen, des Intellekts – hat sehr einseitig gesiegt: Was zählt, ist der Kopf. Genau dies hat Barbara dargestellt. Der Vater gibt mit seiner Einseitigkeit den Ton an.

Zu dieser Familie gehört das Haus. Es steht in der Mitte des Blattes, an zentraler Stelle. Dieses große Einfamilienhaus, an das rechts zwei Garagen und links ein Arbeitstrakt für den Vater angebaut worden sind, zeigt nach außen hin Wohlstand, erreicht durch eigene Tüchtigkeit und Leistung, und weckt die Vorstellung, daß hier eine intakte Familie wohnt. Das Haus ist nur zweidimensional gezeichnet, was ihm den Anschein gibt, nur Fassade zu sein. Hat Barbara die dritte Dimension überhaupt noch nicht wahrgenommen – was deutlich auf einen Entwicklungsrückstand hinwiese –, oder drückt sie im Fehlen der Perspektive aus, daß in diesem Haus gar kein Raum zum

Leben und Wohnen vorhanden ist? Beides ist zu beachten, beides trifft zu. Auch die Art und Weise, wie der Baum gezeichnet ist, läßt Barbaras Entwicklungsrückstand wie ihre durch die äußere Umgebung provozierte neurotische Fehlentwicklung deutlich erkennen.

Wenn wir uns vergegenwärtigen, wie feindlich Barbara im Augenblick die Welt draußen erlebt, wird umgekehrt spürbar, welch große Bedeutung für sie das Zuhause als Ort der Zuflucht und Geborgenheit hat. Aber von diesem Haus scheint keine Wärme auszugehen. Kahl und nüchtern steht es da, das einzige liebevolle Detail ist die Treppe am Hauseingang. Keine Farbe wird verwendet, keine Vorhänge sind da, die Gemütlichkeit verbreiten könnten. Allerdings könnte das Haus wenigstens geheizt werden, auf dem Dach sitzt ein kleiner Schornstein; aber es entsteigt ihm kein Rauch. Die Art und Weise, wie das Haus dargestellt ist, verdeutlicht Barbaras immense Einsamkeit und Verlassenheit. Wer sich die Mühe nimmt, die Zeichnung ganz genau anzuschauen, entdeckt, daß das Garagendach durch einen Kugelschreiberstrich vom Unterbau abgesetzt worden ist. Dessen Herkunft läßt sich leicht erklären.

In einer der folgenden Sitzungen mit beiden Elternteilen zeigte ich unter anderem zur Illustration der familiären Situation diese Zeichnung. Die erste Reaktion der Mutter war Schmerz, Erschütterung, Fassungslosigkeit. Der Vater war über die Zeichnung entsetzt; er fühlte sich in seinem vernichtenden Urteil ganz bestätigt. Im gleichen Atemzug sprach er über die Dummheit seines Kindes und erklärte mir mit Stolz den Aufbau seines Hauses, sich ständig ärgernd und eifernd über die gräßliche Darstellung. Blitzschnell zückte er dabei aus der Brusttasche seines Anzugs seinen teuren Kugelschreiber und zog jenen Strich. Meine betroffene Reaktion fand er lächerlich. Auf ein Gesprächsangebot, das ihm aufzeigen sollte, daß er seine Tochter nicht respektiert, wollte er nicht eingehen. Für ihn war der Fall klar: Sie ist dumm, unbelehrbar, endogen depressiv. Zudem sei es vollkommen lächerlich und übertrieben, aus einem Kugelschreiberstrich einen psychologisch relevanten Schluß ziehen zu wollen. Psychologie sei eine ungenaue, verfälschende Wissenschaft, die das Wasser nur auf die eigene Mühle laufen lasse, fern jeder Objektivität.

Ich lasse nicht nach, sondern versuche vielmehr, Barbaras Situation noch einmal am gezeichneten Baum zu verdeutlichen: Der Baum als Lebensbaum läßt die tiefe Bedeutung des Baumes für den Menschen erkennen. Der Baum kann als ein Symbol des Lebens betrachtet werden und daher zum Beispiel auch stellvertretend für denjenigen Menschen stehen, der ihn gezeichnet hat, wie wir schon bei Michael gesehen haben. Was ich über Barbaras Baum aussage – und ich beschränke mich dabei auf die auffälligsten Erscheinungen –, gilt demzufolge auch sehr direkt für Barbara selbst, ihre Psyche und ihr Verhältnis zur Welt.

Ein von unten bis oben nahezu gleich dicker Stamm in Form eines langgezogenen Rechteckes steht einfach da, in sich geschlossen. Er entwächst keinen Wurzeln, sondern beginnt an der Oberfläche des Bodens, der im übrigen fehlt. Aus dem Stamm entwachsen nicht etwa organisch Äste, er ist durch feste Trennungsstriche auch nach oben hin in sich abgeschlossen. Das heißt, daß an den Nahtstellen des Wachstums, am Übergang von den Wurzeln zum Stamm und vom Stamm zu den Ästen, eine abschließende, dichte Trennung dargestellt ist. Das eine fließt nicht harmonisch in das andere über: Wachstum wird als etwas Abruptes, Unverständliches erlebt, durch das absolute Fehlen auch nur einer Andeutung von Wurzeln sogar in Frage gestellt.

Dem Baum – damit eben auch dem Kind – fehlt der nährende Boden, aus dem er wachsen könnte. Weist das Fehlen der Wurzeln sogar auf ein Fehlen der Existenzberechtigung hin? Nun, der Baum und somit auch Barbara sind existent. Der geschlossene Stamm, in der Fachsprache Lötstamm genannt, ist eine ausgesprochene Frühform der Baumdarstellung. Er ist somit ein unübersehbarer Hinweis auf Barbaras retardierte Entwicklung. Aber zugleich meine ich, daß er in Verbindung mit anderen Erscheinungen bereits den Hinweis auf eine neurotische Entwicklung gibt, und zwar weil er isoliert dasteht, in sich abgekapselt ist und keine Übergänge zeigt: Dem Kind fehlt der direkte Bezug zu den Wurzeln, das heißt zum lebenspendenden Ursprung, und zu den Ästen, das heißt zu Entfaltung und Differenzierung.

Anderseits ist unübersehbar, daß in der Art, wie der Stamm gezeichnet ist, auch Kraft steckt. Es ist die einzige Form auf der ganzen Zeichnung, die mit Farbe auf kräftige Art ausgemalt worden ist. Ist dies ein Hinweis auf Robustheit, vielleicht sogar auf etwas wenig Differenziertes? Ob hier fehlende Entfaltung aufgrund äußerer Umstände bis jetzt ausgeblieben ist, oder ob sie anlagemäßig nicht stattfinden kann, ist aus der Zeichnung allein nicht schlüssig zu erkennen.

Ebenso auffallend wie die Darstellung des Stammes ist jene der Äste. Diese werden mit dünnen, ausschließlich aufwärts strebenden Strichen wiedergegeben; sie erinnern – wären sie nicht braun – an aufwärts züngelnde Flammen. Da sie relativ drucklos hingezeichnet sind, lassen sie aber nicht auf flammenden Eifer schließen, sondern weisen wohl mehr darauf hin, daß alles Sehnen und Wünschen sich von der Realität (es gibt ja überhaupt keinen Boden auf der ganzen Zeichnung) wegbewegt.

Das Augenfälligste ist für mich jedoch das absolute Fehlen der Wurzeln. Die Wurzeln saugen einerseits aus der Erde die für den Baum notwendige Nahrung auf und können diese allenfalls auch speichern. Anderseits haben sie die Funktion, den Baum in der Erde zu verankern, nur so kann er überhaupt stehen, Halt finden und wachsen. Durch das Fehlen der Wurzeln ist auch der Kreislauf des Auf- und Absteigens, des Aufnehmens und Abgebens im System des Baumes unmöglich. Ich meine, daß Barbara genau in dieser Situation steht: Sie wird nicht verstanden und kann auch nicht aufnehmen. Sie muß aus sich heraus leben, ohne daß sie im Augenblick in der Erde, in einem elterlichen, insbesondere mütterlichen Grund verwurzelt ist. Die Mutter wird diese Grundbedingung momentan nicht geben können, da sie selbst nicht mehr in sich wurzelt, sich ihr Selbstvertrauen hat nehmen lassen, indem auch sie in der Verleugnung ihres eigenen Gefühls Rationalität höher wertet als Emotionalität.

Barbaras Vater lehnt diese Ausführungen als nicht aussagekräftig, weil nicht ein-, sondern teilweise mehrdeutig, ab. Die Psyche ist jedoch eine vielschichtige Erscheinung, die sich nie ganz ausloten läßt. Sie lebt aus ihrer Mehrdimensionalität heraus und kann daher nie absolut eindeutig sein, wie es die klassische Auffassung der Naturwissenschaft von Wissenschaftlichkeit verlangt. Das Verständnis-Instrumentarium des Seelischen muß vielfältig sein, entsprechend der Vielfalt der Psyche. Mit rationalen Elementen wie der Zeitaufwand sei zu groß, sämtliche Resultate seien in Frage zu stellen, der Kostenaufwand sei demzufolge zu groß und anderen Einwänden steht der Vater jeder Entwicklung entgegen. Damit entlarvt sich seine Diagnose der »endogenen Depression« als Projektion eigener Unfähigkeit im Umgang mit seelischen Werten.

Barbaras Familienzeichnung und meine direkte Konfrontation mit drei Mitgliedern der Familie (Mutter, Vater und Barbara) bestätigen einander auffallend. »Ein Bild sagt mehr als tausend Worte«, meint ein chinesisches Sprichwort und trifft auch in diesem Fall ins Schwarze.

Da die Familie und deren Dynamik maßgebender Faktor, wenn nicht sogar die Hauptursache für Barbaras seelische Schwierigkeiten ist, bleibe ich noch über längere Zeit bei diesem zentralen Thema. Ich fordere Barbara daher auf, sich für jedes Familienmitglied ein Tier vorzustellen und auf diese Art die Familie darzustellen. Weil es so schwierig ist, Barbara emotionale Äußerungen zu entlocken, frage ich sie, ob es ihr möglich ist, dies mit Fingerfarben zu malen – der wohl dem Emotionalen am meisten entgegenkommenden Malweise. Barbara wehrt sich nicht dagegen, das kann und wagt sie wohl in dieser Anfangssituation auch noch nicht (Abb. 8).

Es mag vielleicht seltsam anmuten, anstelle von tatsächlich existierenden Menschen Tiere malen zu lassen. »Wie dem auch sei: sinnfällig ist, daß in der Tat unendlich viele Einflüsse und Ebenen, geschichtliche und psychologische, in den Tierzeichnungen der Kinder zum Ausdruck kommen. Sie erscheinen damit als vieldeutige Symbolwelt, ... ein Mittel..., problematisches Verhalten auf seine Gründe hin zu ... hinterfragen; etwas klarer zu sehen, wie man ... Einsicht gewinnt in eigenes Elternverhalten, indem man überhaupt zur Kenntnis nimmt, wie Kinder einen symbolisch, wie sie sich – rivalisierend – untereinander sehen; ... denn was zuerst dort zum Ausdruck kommt, sind nicht reale Unterschiede, sondern subjektive zwischen Wunsch und Realität, zwischen Projektion und Wirklichkeit« (Gmelin, Seite 44f).

Als erstes malt Barbara den Elefanten. Es macht ihr sichtbar Spaß; problemlos mischt sie Schwarz und Weiß zu Grau und beginnt kühn den hinteren Bogen vom linken zum rechten Bein des Tieres. Zuletzt ist es die Ansicht eines Elefanten von hinten mit erhobenem Rüssel, mit dem das Kind seinen Vater darstellt. Stellung wie Handlung weisen auf seine alles beherrschen wollende Macht hin: Es reicht nicht, daß er einfach da ist, er posiert auch. Der »Elefant in der Porzellankiste« ist eine naheliegende Assoziation. Von seiten des Kindes fehlen Hinweise auf die dem Elefanten eigentümliche, ausgeprägte soziale Haltung und auf seine hohe Intelligenz. Vielmehr schaudert das Kind vor seiner Kraft und Massigkeit, empfindet es ihn als brutal, sich überall einmischend. Der Schwanz erinnert unwillkürlich an den Penis. Obwohl der Vater eher klein ist von Statur, beansprucht er als Mann das Primat, vor dem sich das Mädchen fürchtet. Um damit nicht in Kollision zu geraten, versucht Barbara auf ihre Weise immer noch, den intellektuellen Forderungen nachzukommen; das gelingt ihr aber immer weniger. Der Vater scheint auch eine dicke Haut zu haben: Barbara könnte Kritik wie Wünsche äußern, soviel sie will, nichts dringt in ihn ein. Dem Psychologen drängt sich spätestens hier die Frage auf, was sich denn eigentlich für ein Mensch hinter diesen dargestellten Allmachtsansprüchen versteckt. Das bleibt aber einerseits dem Kind verborgen, anderseits stellt sich der Vater nicht der Psychotherapie, daher soll es hier auch nicht näher aufgedeckt werden. So viel sei nur gesagt: Allmacht soll immer Ohnmacht kompensieren.

Die Mutter ist als Giraffe dargestellt. Sie ist das farbigste aller gemalten Tiere und scheint für das Kind ein leuchtend warmes Wesen zu sein. Auch die Giraffe ist von hinten gemalt. Barbara ist eifrig dabei und scheint ganz vergessen zu haben, daß sie ja angeblich nicht malen kann. Es ist packend, zu sehen, wie es ihr gelingt, die Tiere zu charakterisieren. Der lange Hals erlaubt der Giraffe, über alles hinwegzusehen. Für das Kind, das sich täglich in seiner Kleinheit erlebt, gibt es wohl kaum einen sehnlicheren Wunsch, als endlich auch so groß zu sein wie die Großen. Dank diesem langen Hals kann die Mutter überall hinsehen und sich einen Überblick verschaffen. Barbara erlebt dies, danach von mir gefragt, nicht als Schnüffelei; sie ist vielmehr froh, daß die Mutter alles weiß und sie ihr alles anvertrauen kann. Sie erlebt die Mutter als schützendes Bollwerk gegenüber dem Vater – und doch hat sie auf der vorangegangenen Zeichnung ja deutlich signalisiert, daß ihr der nährende Boden, den die Mutter für ihr Kind darstellt, fehlt. Die Ambivalenz, die in diesen beiden Darstellungsweisen der Mutter steckt, kann Barbara noch nicht verbalisieren, sie spürt sie bloß in Form immer wiederkehrender Verunsicherung.

Als drittes malt Barbara sich selbst als Kätzchen. Sie erzählt mir dabei von der Katze, die sie zu Hause haben. Das Mädchen taut immer mehr auf. Sie scheint die Zuwendung zu genießen, während sie bis dahin ausgesprochen wortkarg und scheu war. Es fällt auf, mit welcher Liebe sie das Kätzchen malt – im Gegensatz zum Vater- und Muttertier guckt uns die Katze mit ihren blauen Augen an. Barbara hat selbst braune Augen, aber ihre Sehnsucht nach Zärtlichkeit ist unübersehbar. Sie setzt sich als einziges der Kinder auf die Höhe der Eltern: Sie bettelt sichtlich um Liebe und Zuwendung in Form eines Schmeichelkätzchens. Dem einen oder anderen Betrachter des Bildes entlockt die Darstellung des Kätzchens möglicherweise ein Schmunzeln. Nur ein Kind kann so unverstellt betteln. Ihre ganze seelische Not scheint Barbara vergessen zu haben; sie wird in der Hingabe an diese Darstellung kompensiert.

Den nur wenig jüngeren Bruder setzt Barbara als Ente in die von ihr am weitesten entfernte Ecke. Enten sind ihr vertraute Tiere, zu Hause im Weiher leben einige. Der Bruder ist auf der Seite des Vaters, dessen bevorzugtes Kind. Barbara steht mit ihm in ständigem Wettstreit; die beiden werden vom Vater stets miteinander verglichen, wobei Barbara immer den kürzeren zieht. Schicksalsmäßig sind die beiden miteinander verknüpft – sie haben die gleichen Farben. Schwarz ist eine gedämpfte Farbe, wenn sie überhaupt als Farbe gelten kann; die beiden Kinder können nicht leben, wie es ihnen entspricht, sie müssen Erwartungen erfüllen: Ihre Gefühle füreinander sind ständigem Streit und Zank, ständigem Wettstreit zum Opfer gefallen. Die Vitalkraft ist gebrochen und wird von einem ständigen Rivalisieren um die Gunst der Eltern abgelöst. Auf der Zeichnung stellt sich Barbara als die im Augenblick Siegreiche dar; sie hat sich auf gleicher Ebene mit den Eltern gemalt, während sie ihren Konkurrenten nach links oben aus dem Bild zu schicken versucht. Sie stellt sich wie den Bruder schwarz und weiß dar – die Farbe des Elefanten (Vater) hat sie aus Schwarz und Weiß gemischt: Es geht hier vorwiegend um die Verbindung mit dem Vater, um die sie mit diesem Bruder rivalisiert. Sie scheint sich aber auch ihren Wunsch, Liebling der Mutter zu sein, erfüllen zu wollen, indem sie sich als einziges der Kinder direkt neben sie stellt und sich in ihrer Ecke gemütlich niedergelassen hat. Aber vergeblich: Der kleine Bruder, dargestellt als Schlange, ist der Mutter näher und ihr auch in den Farben gleich.

Die Katze putzt sich heraus und gibt sich von ihrer besten Seite. Das scheint in seltsamem Kontrast zur Alltagssituation zu stehen. Barbara ist verschlossen und scheu, sie macht es ihrer Umwelt schwer, sich ihr zu nähern. Sie nimmt sich derart zurück, daß sie für die Umgebung unscheinbar, uninteressant, unattraktiv wird. Sie wird dadurch kaum wahrgenommen. Dies hält kein Kind lange aus. So muß sie sich Aufmerksamkeit auf andere Weise erwerben: Sie macht den Eltern Sorgen, die diese schließlich auf ihre Art aufhorchen lassen. Und schon bekommt das Kind Zuwendung, wenn auch zum Teil ausgesprochen negative. Der Vater regt sich über die Verstocktheit seiner Tochter auf, die nach außen hin als Dummheit aufgefaßt werden kann. Versagen in der Schule geht meist über schlechte Leistungen; daß der IQ dabei oft eine geringe Rolle spielt, ist für den Elternteil, der durch die schlechten Leistungen seines Kindes gekränkt ist, kaum einsehbar. Solange Vater oder Mutter – oder sogar beide – infolge mangelnden eigenen Selbstwertgefühls ihre Selbstbestätigung aus der Tüchtigkeit und Leistungsfähigkeit ihrer Kinder ziehen, kommt Schulversagen emotional einem Liebesentzug des

Kindes gegenüber seinen Eltern gleich. Diese reagieren dann ihrerseits emotional, indem sie das Kind strafen und mit der Zeit immer mehr ablehnen.

Barbaras Vater schreibt seine Tochter schließlich ab, indem er ihr als Laie eine psychiatrische Diagnose stellt; damit versucht er sich dem Netz der Kränkungen, der Frage nach Ursache und Wirkung zu entziehen. Seine zunehmende Erregung während der Elterngespräche, die immer wieder aus dem sachlichen Rahmen ausbrechen, legt Zeugnis von diesem allen Beteiligten vollkommen unbewußten Ablauf der Familiendynamik ab. Der Vater reagiert versteckt aggressiv: So greift er etwa zum Kugelschreiber, um mit einem Strich das Dach auf Barbaras erster Familienzeichnung anzudeuten (siehe S. 60). Er projiziert sämtliches Fehlverhalten in der Erziehung auf seine Frau und stempelt sie damit zum Sündenbock. Auf der Familienzeichnung mit den Tieren bringt Barbara diese Aggressivität unmißverständlich zum Ausdruck: Der Vater als Elefant kehrt dem Betrachter den Hintern zu; er ist eine posierende Masse, deren Kraft unter anderem in Schwanz und Rüssel, eigentlich in der ganzen Stellung zum Ausdruck kommt und die Umgebung bedroht.

Barbara reagiert mit Rückzug, Resignation, Aufgabe. Ihre Depressivität – vielleicht ihr Ausdruck von Aggressivität – gipfelt in der Hilflosigkeit gegenüber den Anforderungen des Schulalltags, was nun ihrerseits die Mutter auf den Plan ruft.

Sie schützt als Giraffe das Kind vor den aggressiven Zugriffen des Vaters. Durch ihre Größe bildet sie sozusagen eine Trennwand hin zum Vater. Sie trennt das Blatt dadurch in zwei Hälften, steht selbst an der Nahtstelle der beiden Hälften, was einerseits ihre Vermittlerstellung und andererseits ihre Trennungsfunktion sichtbar werden läßt. Eine solche Situation hält kein Mensch lange aus. Sie braucht Kräfte und Energie, weil die beiden Hälften aufgrund gestörter seelischer Disposition nicht miteinander harmonieren können; sie wird demnach ihre Vermittleraufgabe nie erfüllen können. Ob sich die Frau wohl im Laufe der Zeit angewöhnt hat, den quälenden Auseinandersetzungen einer nichtpartnerschaftlichen Ehe aus dem

Weg zu gehen, indem sie – den Kopf immer höher hinaufstreckend – Ausschau hält nach anderen Möglichkeiten der Lebenserfüllung? Solange sie jedoch ihre Daseinsberechtigung ausschließlich aus ihrer Rolle als Ehefrau und Mutter bezieht, wird solche Ausschau immer mit schlechtem Gewissen und Schuldgefühlen verbunden sein. Dadurch wird ihr der Blick für die tatsächliche Not der jeweiligen Situation verstellt. Mit dem Versagen in der Schule appelliert Barbara unbewußt an die neurotischen Schuldgefühle ihrer Mutter und erwirbt sich so deren Zuwendung.

Solange dieses untergründige Beziehungsmuster nicht erkannt und durchbrochen werden kann, sind alle Beteiligten – Erwachsene wie Kinder – dazu verurteilt, in ihrer Entwicklung stehenzubleiben, oder noch deutlicher ausgedrückt, in eine neurotische Fehlentwicklung einzutreten.

Das Familienbild bringt aber nicht nur die Spannung zwischen den Eltern durch die Verschiedenartigkeit der beiden Tiere zum Ausdruck, sondern ebenso – wenn nicht noch stärker – diejenige zwischen den Geschwistern. Diese Spannung bekommt ihnen schlecht, denn sie beraubt sie ihrer natürlichen Emotionalität und treibt sie in ein neurotisches Rivalisieren.

Die Schlange über Barbara, die sich am nächsten beim Kopf der Mutter befindet, verkörpert den jüngsten Bruder, der in Barbaras Augen von der Mutter bevorzugt wird. Sie charakterisiert ihn als ekelhafte Giftschlange, gibt ihm aber in umgekehrtem Verhältnis die Farben der Giraffe. Diese Nähe und Übereinstimmung löst in Barbara Eifersucht aus; sie fühlt sich aber dem kleinen Bruder in der offenen Auseinandersetzung nicht gewachsen. Dieser hat eine giftige, aggressive Zunge, der sie unterliegt. Also bleibt ihr, um die notwendige Zuwendung von der Mutter zu bekommen, nichts anderes übrig, als das liebe Schmeichelkätzchen zu sein. Was macht Barbara bloß mit ihren Aggressionen in Anbetracht dieser Familiendynamik? Ist es ein Wunder, wenn sie letzten Endes depressiv reagiert?

Im Verlauf der Spieltherapie erzähle ich Barbara auch einmal das Märchen von der Heckentür, dasselbe Märchen, das ich auch Michael erzählt habe (S. 26). Ich spüre beim Erzählen, daß Barbara bald Mühe hat, sich zu konzentrieren. Das Interesse für den Verlauf des Märchengeschehens scheint gering zu sein. Was geht wohl in ihr vor? Wo ist sie mit ihren Gedanken und Gefühlen? Ich bitte auch Barbara, etwas aus dem Märchen zu malen, das sie besonders beeindruckt, und gebe ihr dazu Wasserfarben, Pinsel, Wasser und Papier. Und wiederum erlebe ich, obwohl das Mädchen von sich überzeugt ist, nicht zeichnen zu können, wie sie sich diesem Malen hingibt und ganz darauf konzentriert ist.

Sie malt den Garten mit der Hecke, stellt das Häuschen hinein, zu dem ein Weg führt, malt leere Gartenbeete und Grasbüschel (Abb. 9).

Die Geschichte an sich hat Barbara gar nicht wahrgenommen. Der Anfang des Märchens hat sie so sehr gepackt, hat bei ihr die eigene Situation derart lebendig wachgerufen, daß sie darin gefangen ist und den Rest überhaupt nicht mehr aufnehmen kann. Ich habe das Mädchen lange Zeit später nach dem weiteren Verlauf des Märchens gefragt; sie antwortete mir darauf, sie habe davon überhaupt keine Ahnung. Das wirkt nach außen hin wie Intelligenzmangel, ist aber psycho-logisch gut verständlich: Der Anfang meiner Erzählung hat sie in ihrem Innersten getroffen, sie betroffen gemacht und Ängste geweckt, die sie blockierten und auf ihre Situation fixierten.

Zuerst zieht Barbara zwei grüne Streifen oben quer über das ganze Blatt. Nachher malt sie die grünen, breiten Bänder am linken und rechten Blattrand. Die Hecke ist erstellt, das Blatt kann zum Garten werden. Und nun setzt sie dazu an, den weißen Zwischenraum zwischen den beiden Streifen am oberen Bildrand zu füllen, aber nicht so wie an den Seiten. Mit unendlicher Geduld setzt sie einen Pinselstrich neben den anderen, bis das grüne »Band« vollständig ist. Etwas Stures, das nach außen hin ungeschickt, kompliziert, schwerfällig wirkt, kommt zum Vorschein, das ganz besonders auffällt, weil Barbara ja unmittelbar zuvor recht großzügige Pinselstriche gezogen hat. Sie scheint zu kleben, nicht vom Fleck zu kommen. Eine Zwanghaftigkeit macht sich hier bemerkbar; es wird deutlich, wie sich Barbara daran festhält. Angst überfällt sie vor der großen leeren Fläche, sie hält sich regelrecht an den grünen Strichen fest.

Danach beginnt Barbara, den Deckel des Malkastens mit Wasser zu füllen, sie fügt schwarze Farbe dazu und bekommt davon nicht genug. Unvermittelt greift sie nach der Tube mit Deckweiß, drückt Weiß in die schwarze Farbe und beginnt alles zu mischen. Sie ist dabei ganz ernst und läßt sich durch nichts ablenken. Plötzlich malt sie ganz zielsicher mitten aufs Blatt ein Rechteck und ein Dreieck oben drüber; sie füllt das Dreieck mit Grau aus, malt auf die linke Seite einen Schornstein und umrandet nochmals das Dach. Da steht es nun, das Haus im Garten. Das Grau macht Barbara zu schaffen, sie streicht immer wieder darin herum und gibt schließlich noch mehr Wasser dazu. Und wieder malt sie unvermittelt: diesmal die beiden Fenster und die Tür. Danach streicht sie den Pinsel übers schwarze und braune Farbnäpfchen, taucht ihn ins Grau und malt den Weg. Schließlich füllt sie Tür und Fenster aus – und fertig ist das Häuschen eines bald zwölfjährigen Mädchens!
Bei genauem Hinschauen fällt auf, daß das Haus doch nicht in der Mitte, sondern in der linken Hälfte steht und gerade bis zur Mitte reicht. Und dennoch scheint mit diesem Haus eine zentrale Aussage gemacht zu werden.

Barbara malt weiter, mit Braun, und übernimmt in ihrer Maltechnik wieder die Art und Weise des oberen Teils der Hecke. Nun entstehen Gartenbeete: vier auf der linken, sechs auf der rechten Seite. Alle sind ungefähr gleich groß, die einen längs-, die anderen hochformatig, je eines grenzt an die Hecke an. Und ganz zuletzt malt sie »Pflanzen« in Form von Grasbüscheln. Alle sind gleich, stereotyp gemalt; links und rechts des Häuschens entstehen je acht.
Je länger wir uns mit dem Bild beschäftigen, um so mehr scheint der direkte Zusammenhang mit dem Märchen verlorenzugehen. So lasse ich mir, als Barbara fertiggemalt hat, das Dargestellte erläutern. Als sei es eine Tatsache, erklärt sie mir, dies sei das Häuschen, in dem sie mit ihrer Mutter lebt. Letzteres hat sie – nach ihrer Aussage – mit dem Rot in den beiden einzigen Fenstern des Hauses dargestellt.

Das Bild wirkt als Ganzes ausgesprochen statisch. Linke und rechte Seite, die überhaupt erst durch die Existenz des Häuschens deutlich in Erscheinung treten und voneinander unterschieden werden können, sind ziemlich ausbalanciert. Es gibt in der einen Hälfte nichts, was nicht auch in der anderen vorhanden wäre. Es wäre möglich, darin den Ausdruck einer inneren Ausgewogenheit des Mädchens zu sehen. Das trifft aber in keiner Weise für Barbaras Lebenssituation und Einstellung zu. Im Gegenteil ist anzunehmen, daß sie hier als Kompensation ein Gleichgewicht herbeiführen muß, das ihr im Laufe ihres bisherigen Lebens abhanden gekommen ist. Jedes Ungleichgewicht verunsichert, aber auch jede Veränderung. Gleichbleibend Statisches bietet Halt an. Die vier Gartenbeete auf der linken Seite enthalten wohl von ihrer Gestalt wie von ihrer Anzahl her einen derartigen Hinweis. Vier ist vom Verständnis der Symbolik her eine Zahl, die die Ganzheit darstellt. Auf Barbaras Zeichnung wird dadurch ausgedrückt, daß etwas Erreichtes so bleiben soll, während die sechs Beete auf der rechten Seite wahrscheinlich auf einen Beziehungswunsch hindeuten.

Sechs wird gebildet aus zwei mal drei, je der ersten Zahl in der geraden wie ungeraden Reihe (von der Eins abgesehen). Diese Zahl verbindet so in sich zwei verschiedene Systeme oder Ordnungen. Geometrisch betrachtet, setzt sich die Sechs aus zwei übereinander gelegten Dreiecken zusammen, die symbolisch durch ihre entgegengesetzte Form das Weibliche und das Männliche darstellen. Daher drückt sich in der Zahl Sechs die Möglichkeit zu Verbindung, Vereinigung und Aufhebung der Gegensätze aus. Ob Barbara in den sechs Gartenbeeten unbewußt ihren Wunsch nach Versöhnung der innerlich entzweiten Eltern ausdrückt? Oder ob sie damit sogar mitteilt, daß sie sich als die Verursacherin dieser Entzweiung fühlt und daher keinen sehnlicheren Wunsch oder sogar die Verpflichtung in sich trägt, diese auch wieder aufzuheben? Daß sie sich nach Ruhe, Frieden und Harmonie sehnt, scheint sich auf jeden Fall auch in der Zahlensymbolik dieser Zeichnung auszudrücken.

Links und rechts widersprechen sich auf ihrer Zeichnung nicht, es wird auf etwas unterschiedliche Art dasselbe gesagt: Nur ja keine Auseinandersetzung! So fehlt auch alles, was dazu führen könnte: Kein Lebewesen ist vorhanden. Stereotyp gemalte Grasbüschel sollen den Garten beleben – sie wirken eher wie mißlungene Füllsel. Die Beete sind unbepflanzt, nicht einmal Unkraut wächst darauf. Dieser Mangel wird um so erstaunlicher und aussagekräftiger, wenn wir wissen, daß Barbara in Wirklichkeit mit dem Garten und dessen Pflege sehr vertraut ist. Ihre Mutter besorgt nämlich mit Hingabe einen großen Garten. So weiß Barbara, daß die Beete im Frühjahr zur Bepflanzung vorbereitet werden müssen. Wird die Pflanzung versäumt, dann wächst Unkraut. Nur wenn die Erde unfruchtbar ist, kann nichts darauf wachsen. Ist das ein Hinweis auf die sterile Atmosphäre zu Hause?

Dem Bild fehlt insgesamt der Untergrund. In diesem Garten kann niemand herumgehen; denn er weist keine Wege auf, keinen Boden; zwischen den dargestellten Dingen ist es leer, scheint ein Vakuum zu sein. Es gibt aber auch keinen Himmel. Das ganze Gebilde mutet erst einmal wie eine vom Festland abgetrennte Insel an: eine Abschirmung vor der Welt, eine totale Abkapselung, die sich Barbara für sich und ihre Mutter durch diese Zeichnung sukzessive aufbaut. Aber es ist eine Oase ohne Boden. Die beiden leben nicht einmal im Garten, sie haben sich noch weiter zurückgezogen, ins Haus. Draußen scheint die Erde als der tragende Grund zu fehlen, so daß ein Aufenthalt für Menschen unmöglich ist. Denn worauf sollten sie auch stehen? Zum unteren Blattrand hin fehlt zudem ein Abschluß durch die Hecke. Schwebt das Dargestellte im luftleeren Raum? Jedenfalls ist alles fein säuberlich voneinander getrennt, das Verbindende fehlt oder hat sich vielleicht ins Haus zurückgezogen. Wahrhaftig eine kalte, zerstückelte Seelenlandschaft!

Zwei rote Flecken in den beiden Fenstern stehen stellvertretend für Mutter und Tochter. Barbara hat bis dahin mit dem Männlichen schlechte Erfahrungen gemacht: Vom Vater wird sie abgelehnt, obwohl sie sich um seine Gunst bemüht; mit dem einen Bruder liegt sie in ständigem Wett-Streit, in Rivalitätskämpfen und in unseligen Abgrenzungskämpfen aus Angst,

Abb. 9. Barbara: Szene aus dem Märchen »Die Heckentür«

er könnte in ihre Welt eindringen und sie zerstören; mit dem jüngeren Bruder verbindet sie eine Haßliebe, sie beneidet und bewundert ihn, ist eifersüchtig auf ihn, weil er von der Mutter offenbar bevorzugt wird. So flüchtet sie sich auf dieser Zeichnung in eine eigene Welt, in die sie gleichzeitig auch ihre Mutter mitnimmt, alle männlichen Mitglieder der Familie jedoch davon ausschließt. Die beiden weiblichen Familienmitglieder scheinen einander zugetan: Rot verbindet, ist Wärme, Liebe, Ausdruck von verstehendem, bejahendem Einfühlen. Sie scheinen aber dazu verurteilt zu sein, eingeschlossen im Haus zu leben. Die Tür ist zu. Sie scheinen aber wenigstens auch geschützt zu sein.

Doch läßt sich's in diesem Haus überhaupt wohnen? Es scheint nur aus einer Fassade zu bestehen. Wiederum fehlt die Perspektive. Die ganze Zeichnung, vor allem aber das Haus, ist in der Art eines Schulanfängers gemalt; hier wird Barbaras Entwicklungsrückstand unübersehbar. Ist es tatsächlich eine retardierte Entwicklung? Oder ist Barbara im Erfassen der Welt schon einmal weiter vorangewesen und nun in Anbetracht ihrer seelischen Not in eine Rückzugsphase geraten, die nach außen hin wie ein Entwicklungsrückstand wirkt? Kindlich scheint mir nicht nur die Darstellungsart des Häuschens zu sein, sondern ebenso der Wunsch, allein mit der Mutter zu sein, um sämtliche anderen Familienmitglieder auszuschließen: eine klassische Regression, die sich nach außen hin als Pseudodebilität zeigt. Das Haus ist das Wichtigste: Es ist der einzige Gegenstand, der nicht mit einer Farbe direkt aus dem Näpfchen gemalt, sondern extra gemischt worden ist und der zudem mehrmals übermalt wurde. Grau ist für ein Kind eigentlich keine Farbe – das Haus liegt in einer »Grauzone«: ein Hinweis mehr, daß dies ein Phantasiehaus ist! Interessanterweise ist auch das Dach grau – meist malen Kinder zumindest dieses rot. Aber das Rot ist auf die beiden Menschen beschränkt: Mit emotionaler Wärme scheint Barbara zu geizen, denn sie ist wohl nicht einfach unbegrenzt vorhanden. Auch der Schornstein ist grau, übrigens recht groß. Dies ist ein unübersehbarer Hinweis darauf, wie sehr sich Barbara nach Wärme und damit nach Geborgenheit sehnt. Das Haus wäre also heizbar, es könnte auch gekocht werden, aber der Rauch fehlt auf dem Bild. Die Mutter scheint in ihrer jetzigen

Verfassung nicht in der Lage zu sein, dem Kind die nötige Wärme oder Nahrung geben zu können. Die Gespräche mit den Eltern haben ja deren Uneinigkeit wie auch die Selbstzweifel der Frau sichtbar werden lassen. Diese Frau scheint im Augenblick ihre Aufgabe als Mutter kaum wahrnehmen zu können; dazu ist sie jetzt durch die Nöte des Kindes, aber ebenso durch ihre diesbezüglichen Schuldgefühle, vor allem aber durch die Angriffe und die Ablehnung ihres Mannes derart verunsichert, daß sie kein Selbstvertrauen mehr besitzt. Sie beginnt allmählich, ihre seelisch schlechte Situation innerhalb der Ehe, die im Grund genommen gar keine Ehe mehr ist, wahrzunehmen. Dies kostet sie die letzten Kräfte, so daß für die Kinder vorübergehend kaum noch Energien frei sind.

An sich selbst zweifelt auch Barbara. So sind sich Mutter und Tochter in ihrer Not nahe. Bei beiden wankt der Boden – oder noch deutlicher: Beide haben den Boden unter den Füßen verloren. Beide reagieren erst einmal mit Selbstzweifel, Barbara mit Regression und Depression, die Mutter zuerst mit Verzweiflung, dann mit veränderter Wahrnehmung und schließlich durch psychotherapeutische Behandlung zunehmend mit wachsendem Selbstwertgefühl, das sie allmählich befähigt, zu handeln und zu verändern.

Barbaras Bild als Ganzes wirkt erschreckend. Es legt Zeugnis von der seelischen Not ab, in der das Mädchen steckt. Es ist, als wäre alles Leben entschwunden: Fröhliche Farben fehlen (bis auf die beiden eingeschlossenen roten Flecken), Menschen und damit Lebendigkeit fehlen, keine Sonne scheint, keine Tiere tummeln sich herum. Weder Himmel noch Erde sind da – alles wirkt wie von der Realität abgehoben. Ist überhaupt Luft da, um atmen zu können?

Das Bild ist bekanntlich aufgrund meines Erzählens entstanden. Ich hatte für Barbara das Märchen von der Heckentür gewählt, weil ich mit ihr ins Gespräch über ihre Brüder kommen wollte, und auch, weil ich hoffte, über den Humor, der in diesem Märchen zum Ausdruck kommt, zu Barbara einen Zugang zu finden. Ein solches Resultat hatte ich nicht erwartet, es scheint mir aber für des Mädchens momentane Situation aufschlußreich zu sein. Die Ausgangssituation des Märchens – jene Mutter, die ihre Kinder während kurzer Zeit allein läßt und sie auf ihre Grenzen verweist (nämlich innerhalb des

Gartens, des Angestammten zu bleiben) – löst bei Barbara sofort Assoziationen von Eingeschlossen-, Abgeschieden-, In-Sicherheit-Sein aus und hilft ihr, sich ihre regressiven Phantasien voll auszumalen. Flucht vor der Welt und all ihren Anforderungen scheint sie sich als Patentrezept für ihre schwierige seelische Situation zurechtgelegt zu haben. Der Ausbruch der Geschwister aus der Einengung, wie er im Verlauf des Märchens dargestellt wird, interessiert Barbara überhaupt nicht – sie ist viel zu stark in ihrer Situation gefangen und muß ums Überleben kämpfen, als daß sie noch Energien hätte, etwas außerhalb ihres engsten Interessenkreises wahrzunehmen. Hier liegt wohl der Schlüssel, um ihr Versagen in der Schule und im Alltag sowie ihre Beziehungsstörung zu verstehen. Starr, ja beinahe zwanghaft klammert sie sich an ihre Rückzugsphantasien.

Da die Wahl des Märchens so ausschließlich von mir ausgegangen ist und doch so vieles über Barbara aufgeschlüsselt hat, entschloß ich mich, in einer der nächsten Therapiesitzungen Barbara selbst die Wahl zu überlassen. Ich frage sie nach ihrem Lieblingsmärchen. Da schaut sie mich fragend an, schweigt lange und nennt schließlich zögernd »Das tapfere Schneiderlein«.

Ich bin äußerst erstaunt, hätte das nie gedacht und lasse mir das Märchen von Barbara erzählen. Manchmal lösen wir einander darin ab. Und dann fordere ich sie auf, von der Szene, die ihr die liebste ist, eine Zeichnung zu machen.

Wenn nun versucht wird, im folgenden kurz die einzelnen Stationen dieses Grimm-Märchens aufzuführen, so möge der Leser selbst während der Lektüre versuchen, diejenige Episode herauszugreifen, die ihn am meisten anspricht. Im Vergleich der eigenen Wahl mit der des Mädchens wird dem Leser wahrscheinlich der Unterschied oder vielleicht sogar eine gewisse Ähnlichkeit zu Barbara deutlich. Vor allem kann dadurch dem einzelnen auf einmal klarer werden, was das Kind mit seiner Vorliebe für diese bestimmte Stelle aus dem Märchen sowie mit der Art und Weise der Darstellung mitteilen will:

Ein Schneiderlein kauft Mus, streicht es sich aufs Brot, näht vor dem Essen erst noch das Wams fertig. Da setzen sich mittlerweile Fliegen auf sein Brot, es erschlägt sie allesamt mit einem Schlag: Siebene auf einen Streich! Diese Heldentat stickt es schnell auf einen Gürtel, legt sich ihn um, nimmt als Proviant ein Stück Käse mit und zieht in die weite Welt hinaus.

Unterwegs fängt es einen Vogel, den es zum Käse in die Tasche steckt. Auf einem Berg spricht das Schneiderlein einen Riesen an und zeigt ihm, um sich den nötigen Respekt zu verschaffen, seinen Gürtel. Der Riese will es prüfen, aber es überlistet ihn: Anstelle eines Steines zerdrückt es den Käse in seiner Faust, anstelle des Steines wirft es den Vogel in die Höhe, der gar nicht erst zur Erde wiederkehrt. Die Eiche läßt es den Riesen tragen, auf den Kirschbaum kann nur das Schneiderlein springen. Jetzt lädt es der Riese in seine Höhle zum Übernachten ein, wo es sich aber nicht auf die Bettstatt legt, auf die der Riese nachts mit einem Eisenstab einschlägt. In verschiedenen Fassungen wird hier noch erzählt, daß Kumpane (ebenfalls Riesen) in der Höhle sitzen, jeder hält ein Schaf in der Hand, das er vorher am offenen Feuer gebraten hat und nun genüßlich verzehrt. (Das war die Variante, die mir das Kind erzählte.) Anderntags erschreckt das totgeglaubte Schneiderlein die Riesen durch seine Gegenwart und zieht weiter an einen Königshof, wo es wiederum durch seinen Gürtel Aufmerksamkeit erregt und in militärische Dienste aufgenommen wird.

Die Diener wie auch der König fürchten sich vor ihm und wären es gern wieder losgeworden. Daher schickt es der König aus, zwei Riesen im Reich zu töten, und verspricht ihm dafür seine Tochter zur Frau. Im Wald schleudert es von einem Baum herab Steine auf die schlafenden Riesen; diese erwachen, beschuldigen sich gegenseitig und schlagen sich tot. Es erhält die Königstochter aber nicht, sondern muß vorerst das Einhorn im Wald fangen, was ihm mit der nötigen List auch gelingt. Wiederum bekommt es die Königstochter nicht, es muß erst noch ein Wildschwein im Königswald fangen, was

Abb. 10. Barbara: Szene aus dem Märchen »Das tapfere Schneiderlein« (Selbstdarstellung)

ihm mit entsprechender List ebenfalls gelingt. Die Hochzeit findet statt, in der Nacht verrät es sich im Traume sprechend als Schneider, kann sich aber wiederum durch List behaupten und bleibt König.

Ich denke, diese knappe Inhaltsangabe habe beim einen oder anderen Leser das Interesse geweckt, vielleicht ein eigenes Bild dessen in sich aufsteigen zu lassen, was er malen würde.

Barbara ist beim Erzählen und Zuhören innerlich beteiligt, es scheint sich in ihr einiges abzuspielen. Recht schnell greift sie zu Papier, Pinsel und Farbe. Sie wählt das Breitformat, mischt sich erstaunlich schnell im Deckel des Malkastens ein Grauschwarz und beginnt zügig, von unten links nach oben und unten rechts einen großen Bogen zu ziehen, den sie ein paar Mal wiederholt, und das Papier gegen die Ränder hin mit der gleichen Farbe und Bewegung zu färben (Abb. 10). So entsteht eine Höhle, wie sie mit sichtlicher Befriedigung feststellt – sich erkundigend, ob auch ich es gemerkt habe. Das Breitformat ist voll ausgenützt: Das Kind hat sich einen Raum – ich denke einen Lebensraum – geschaffen, den es nach außen hin sorgfältig und kräftig zugleich abdichtet. Niemand kann eindringen, auch kein noch so neugieriges Auge, auch keine lästige Anforderung, aber ebensowenig liebende Zuwendung.

Eine graue, dicke Wand schützt und trennt vor der Welt. Es fällt auf, wie Barbara auf allen Zeichnungen für ausgesprochen wichtige Dinge Grau wählt: Grau für den Elefanten auf der Tierzeichnung, der den Vater verkörpert, Grau für das Häuschen der Heckentür-Zeichnung, in dem Barbara zusammen mit der Mutter lebt, Grau für die Höhle der Riesen im Märchen vom Tapferen Schneiderlein. Es könnte eingewendet werden, das liege auf der Hand, denn Barbara verwende Grau dort, wo es von Natur aus auch vorkomme: Haus, Elefant, Höhle. Das stimmt teilweise – abgesehen vom Dach des Hauses –, und Barbara bringt damit ihren Bezug zur Realität, zum Konkreten, zum Ausdruck. Seelisch zeigt sich darin wahrscheinlich eine gewisse trockene Nüchternheit, vielleicht sogar Phantasielosigkeit, die dem Kind eigen sein kann, mit der es sich unter Umständen vor allzu großem Enttäuschtwerden unbewußt schützt oder hinter der es möglicherweise seine ganze Emotionalität verbirgt. Denn einem Kind fällt es anderseits bekanntlich nicht schwer, einen von Natur aus grauen Gegenstand bunt wiederzugeben.

Lange bleibt die Höhle als ein Hell-Dunkel- oder annähernd Schwarz-Weiß-Kontrast das einzige auf dem Blatt. Ein Kind drückt damit wohl den Gegensatz von böse und gut beziehungsweise von böse und lieb aus, Begriffe, die es nach eigenen Maßstäben und Vorstellungen scharf unterscheidet und wo es kaum Übergänge kennt; es ist meist ausgesprochen radikal. Erst im Laufe der Entwicklung lernt der Mensch, Nuancen wahrzunehmen und, damit verbunden, Toleranz einzuüben.

Plötzlich wird Barbara wieder aktiv: Sie malt mit Ocker die Umrisse eines Kopfes, Halses und Leibes, setzt kühn eine Nase hin und etwas dunkler getönt eine Art kurzes Kraushaar. Mund und Auge folgen in ungebrochenem Rot und Braun, direkt aus dem Malkasten. Sichtlich lustbetont füllt sie danach die Kugel des Leibes mit Blau und hängt noch einen schwarzen Arm samt hellbraunen Fingern an.

Nun ist die Höhle bewohnt, Barbara selbst hat sich darin niedergelassen (denn sehr schnell erzählt sie mir, daß sie das sei). Gemütlich lehnt sie sich mit Hinterkopf und rundem Rücken an die eine Wand der Höhle. Sie kehrt der rechten Seite, die man raumsymbolisch gern der Zukunft, der Welt, dem Du, dem sozialen Kontakt, der Progression, der Extraversion oder dem Bewußtsein zuordnet, die Rückseite zu, im Sinne von: »Ihr könnt mir alle ...!« Abgerückt von der Welt, in Distanz zu ihr, wird sie für ihre Umwelt – zum Beispiel für Eltern und Geschwister, für Lehrer und Mitschüler – unerreichbar. Sie hat endlich Ruhe! Die Wahl des Blau scheint diese »Sieges«-Stimmung auszudrücken: Nun bestimmt nur noch das Kind allein über sich und ist niemandem mehr ausgeliefert.

Mund und Auge scheinen ein Schmunzeln auszudrücken. Mir fällt auf, daß Barbara das Innere der Höhle weiß läßt, während doch sonst in der Höhle Dunkelheit herrscht. Sie hat sich regelrecht in die gute Welt, den schützenden, weil ihr wohlgesinnten »Weltinnenraum« gesetzt, still vor sich hin schmunzelnd, einfach genießend: Der Arm hängt hinunter, die Finger sind wohl gespreizt, aber etwas getan oder gar zugepackt wird hier nicht.

Und jetzt beginnt Barbara, Holz hinzumalen, aus dem gelbocker-rote Flammen emporsteigen: ein richtiges Feuer, das Wärme auszustrahlen scheint. So läßt sich's natürlich besser leben in der Höhle, die dadurch hell und wohlig warm wird. Mit höchster Konzentration schickt sich Barbara an, sechs schwarze Nägel in die Wand zu malen. Die braucht sie, damit sie Bilder daran hängen kann. Das erste entsteht bereits: Der schwarze Nagel wird mit Ocker übermalt, das auch gleich für den Rahmen verwendet wird. Je getrennt malt sie sodann mit Rot und Blau, der Verkörperung größter seelischer Gegensätze (ähnlich wie Schwarz und Weiß). Will sie diese auf das Bild im Bild fixieren und damit deren gegensätzliche Kräfte bannen? Ist dies eventuell ein unbewußter Versuch, sich dieser Spannung zu entziehen?

Leben spielt sich aber nur innerhalb eines Kraft- oder Spannungsfeldes ab, innerhalb von Polaritäten, die sich ergänzen. Sich dem zu entziehen, kommt einem Rückzug aus dem Leben gleich, ist eine Flucht in Sehnsuchts- und Paradiesvorstellungen, wie sie bei dem Menschen aufkommt, der sich nicht zutraut, sich in der Realität des alltäglichen Spannungsfeldes »Leben« aufzuhalten.

Leider ist Barbara beim Malen des Bildes so ungeduldig, daß die beiden noch nassen Farben ineinander laufen. Sofort ist sie entmutigt und gibt auf. Sie ist nicht mehr zu bewegen, an die anderen Haken auch noch etwas zu hängen. Ein typisches Verhalten: Gelingt etwas nicht auf Anhieb, ist Barbara sofort entmutigt, erkennt darin ihre Unfähigkeit (lies: Dummheit), gibt alles auf und verkriecht sich in sich.

Da bis jetzt die Gestalt eigentlich noch nicht sitzt, die Leibkugel eher schwebt, Barbara sich nun aber aufgrund ihres Mißerfolges beim Malen zurückzieht, frage ich sie, ob sie denn überhaupt bequem sitze. Da malt sie recht widerwillig mit dem Rest des Schwarzgrau der Höhle und dem blauen Pinsel voller Wasser die wässrig graublauen Hosenbeine.

Damit ist das Malen für diesmal wieder vorbei. Ich erlebe ganz unmittelbar, wie sehr Barbara sich selbst dargestellt hat.

Sie hat sich ganz konsequent eine eigene innere Welt aufgebaut, abgeschirmt von der eigentlichen Wirklichkeit, ohne jeden sozialen Kontakt – sie will in Ruhe gelassen werden, um sich voll und ganz in ihrer Regression, einer zu diesem Zeitpunkt totalen Resignation, abzukapseln. In dieser Scheinwelt versucht sie, sich zu trösten, indem sie sich dort gemütlich einnistet. Sie regrediert zum Kleinkind (was ja sehr deutlich in der Darstellungsweise der menschlichen Figur zum Ausdruck kommt) und umgibt sich mit einer Art Uterus-Höhle.

Die feindliche Außenwelt tauscht sie gegen eine nur ihr gehörende friedliche Innenwelt.

Ob wohl die Nägel eine Verkörperung nichtgelebter Aggressivität sind? Oder drücken Anzahl und Form den Einbruch der Sexualität aus und künden damit verbunden auch das Interesse oder die Auseinandersetzung mit dem Männlichen an? In der Form – allerdings viel kleiner – erinnern sie an den Schwanz des Elefanten-Vaters auf der Tierzeichnung. Das Mädchen ist bekanntlich fast zwölf Jahre alt, steht also kurz vor der Pubertät.

Was hat aber dieses Bild, was hat diese Szene mit dem Tapferen Schneiderlein zu tun?

Barbara hat sich aus dem relativ umfangreichen Märchen keine eigentliche Szene herausgenommen, sondern nur einen kurzfristigen Aufenthaltsort des Helden: die Höhle. Dort hinein hat sie jedoch keine Gestalt aus dem Märchen, sondern sich selbst gesetzt. Zudem hat sie die Höhle zu ihrer eigenen gemacht, indem sie diese verändert, das heißt nach ihrem eigenen Gutdünken und Empfinden einzurichten versucht hat: Ein Feuer wird angezündet, Nägel werden eingeschlagen, um Bilder daran zu hängen, wobei es bei einem Bild geblieben ist. Es scheint, als habe sie das Märchen für sich in Beschlag genommen und so umgeformt, wie sie es braucht und es für sie richtig ist. Ihr Anspruch, in Ruhe gelassen zu werden, drückt sich in dieser Umformung des Märchens unübersehbar aus.

Aber was führt das Mädchen ausgerechnet zur Wahl dieses Märchens als seinem liebsten, bevorzugtesten? Drückt sich in diesem Akt eine Kompensation aus? Das Kind erlebt sich selbst als schwerfällig, linkisch, ja als schwer von Begriff; das Schneiderlein jedoch meistert jede neue Situation durch Pfiffigkeit, Schlauheit und List. Dadurch ist es allen Anforderungen des Lebens gewachsen – ganz im Gegensatz zu Barbara. Wünscht sie sich wohl jene Wendigkeit und Kühnheit, denkt sie wohl, versehen mit so viel List und Tücke, würde auch sie das Leben meistern? Barbara scheint sich ein Märchen mit genau der Thematik gewählt zu haben, die darstellt, was ihr fehlt, was für sie aber erstrebenswert, ja notwendig wäre. Ich gehe sogar noch einen Schritt weiter, indem ich vermute, daß im Kind ähnliche Fähigkeiten schlummern, die nur bis dahin nicht zum Zug gekommen sind. Das Märchen wird so heiß geliebt, weil es etwas vom eigenen Wesen zur Schau trägt. Denn ist sie nicht eigentlich ein Schlaumeier, sich auf die dargestellte Art der Realität zu entziehen? Sich eine Höhle zu bauen, sich diese möglichst gemütlich einzurichten, um sich dann darin niederzulassen? Ist sie nicht eigentlich ein Lebenskünstler?

Aber vielleicht bewundert Barbara auch die Durchschlagskraft des Tapferen Schneiderleins, das seine Fähigkeiten, die im Grunde genommen recht begrenzt sind, so ganz und gar in den Dienst eigenen Weiterkommens einzusetzen versteht. Darin ist es skrupellos und konsequent. So gelingt es ihm, es zu etwas zu bringen und das Leben zu meistern. Barbara hingegen erfährt sich als kompliziertes Wesen, das sich schwer tut, wenn Entscheidungen getroffen, Entschlüsse gefaßt werden müssen, das sich äußeren Kräften ausgeliefert fühlt, das sich nicht selber steuern kann. Dabei wird Barbara verkannt, falsch eingeschätzt, übergangen, was von einem Mißerfolg zum anderen führt. Das läßt aber eine Figur wie das Tapfere Schneiderlein im stillen zum geliebten Helden werden, denn dieser hat es geschafft! In seiner Resignation begibt sich das Mädchen in den Schutz dieser Heldenfigur, eifert ihr aber nicht nach, sondern läßt sich erst einmal vollends fallen. Sie hat ja jetzt in ihrer Phantasiewelt den männlichen Schutz, sie hat teil an den männlichen Fähigkeiten und der männlichen Kraft – ganz im Gegensatz zu ihrer Situation in Wirklichkeit.

Die Welt ist für diesen jungen Menschen bedrohlich, denn sie bietet keinen Schutz. Barbara kann sich nicht auf sie einlassen, sie kann niemandem richtig trauen. Sie traut dem Vater nicht, denn dieser zieht die Söhne vor. Sie traut der Mutter nicht, denn diese ist schwach und unsicher. Sie traut den Brüdern nicht, die überlegen zu sein scheinen, obwohl sie jünger sind. Sie traut sich auch nicht, in der Schule eine Antwort zu geben, weil sie falsch sein könnte und sie ausgelacht würde. Sie traut sich im Unterricht nicht, laut vorzulesen, wodurch Mitschülerinnen und -schüler den Eindruck bekommen, sie könne es nicht und sei dumm; auch der Lehrer gerät in Zweifel über sie. Sie traut sich kaum, während der Pause auf den Schulhof zu gehen, weil sie keiner ihrer Klassenkameradinnen traut. Aber am wenigsten vertraut sie eigentlich sich selbst.

Im Umgang mit konkreten Lebenssituationen innerhalb der Spieltherapie entsteht auch einmal eine Zeichnung zum Thema Schule. Die Pause ist für Barbara jedesmal ein Alptraum, denn da fällt der feste Rahmen der Schulstunde zusammen. Nun setzt die Eigengestaltung – meist im Verein mit Mitschülern – ein: Barbara ist allein, sie fühlt sich im Stich gelassen, abgelehnt. Wenn zwei oder drei Mädchen aus der Klasse beisammen stehen, denkt Barbara unwillkürlich, sie sprächen über sie: Überall in der Welt draußen wittert sie Feinde. So werden nicht nur die Schulstunden, sondern noch viel ausgeprägter die eigentlich als Erholung und Entspannung gedachten Pausen zur Qual.

Das wird dem Betrachter unmißverständlich an der Farbstiftzeichnung des Schulhofes klar, an dessen linker Seite das Schulhaus und an dessen gegenüberliegender Seite die Turnhalle liegt (Abb. 11).

Wiederum dominiert das Grau: Der Tummelplatz für Kinder, ein Inbegriff von Lebendigkeit, buntem Treiben und Lärm, ist menschenleer! Das Ganze wirkt wie ausgestorben, tot. Dabei schildert mir Barbara beim Zeichnen den Verlauf einer der letzten Schulpausen. Wir entwerfen sogar miteinander eine Art Strategie, wie sie versuchen könnte, sich den Klassenkameradinnen anzuschließen, mit denen sie eigentlich befreundet sein möchte. Aber sie fehlen auf dem Bild. Es ist höchst signifikant, wenn in einer Darstellung Dinge fehlen, die eigentlich dazugehörten. Dies ist ausdrücklich im zweiten Kapitel besprochen worden (S. 39 ff). Daß hier die Schüler fehlen, scheint ein Hinweis darauf zu sein, wie sehr sich Barbara vor ihnen fürchtet. Die Angst läßt uns manches nicht sagen – Barbara läßt hier auf dieser Zeichnung den Konflikt offensichtlich aus.

Die Zeichnung erinnert außerordentlich stark an das Bild aus dem Märchen von der Heckentür. Daher schicke ich den Leser selbst auf die Suche nach den Ähnlichkeiten und vermeide damit Wiederholungen im Text. Im Alltag der psychotherapeutischen Praxis und innerhalb eines jeden Heilungsweges ist hingegen die Wiederholung ein unumgängliches Phänomen, denn kein seelischer Prozeß verläuft ausschließlich geradlinig. In den Rückschlägen und Wiederholungen liegt nicht nur ein Zwang, sondern auch die Möglichkeit, Kraft zu sammeln und sich zu finden, um mit der erneuten negativen Erfahrung vielleicht doch endlich einen Schritt voranzukommen.

Etwas hat sich aber seit Beginn von Barbaras Therapie verändert: die Darstellung des Baumes, der – wie bereits bei ihrer ersten Familienzeichnung ausgeführt wurde – direkte Aussagen über die Zeichnerin macht. Zwar ist er noch außerordentlich klein im Vergleich zum Schulhof, aber ausgesprochen lebendig und wohlproportioniert im Vergleich zu demjenigen auf dem Familienbild. Der Laubbaum ist in sich ausgewogen, die einzelnen Teile stimmen in ihren Proportionen überein. Der Baum weist jetzt Wurzeln auf, er wächst auf dem grünen Rasen. Barbara scheint Boden unter die Füße bekommen zu haben, was ihr eine gewisse Verwurzelung ermöglicht – erst dann ist Entwicklung möglich. Der Stamm schließt sich harmonisch an Wurzeln und Äste an, er ist nicht mehr einfach eine Art abgetrenntes Rechteck – ein Lötstamm: Eine Erstarkung im Sinne einer Ich-Entwicklung hat stattgefunden. Die Äste bilden eine wohlgeformte Krone, sie streben in die Höhe und sind gleichzeitig in die Breite ausladend. Sind sie Ausdruck von Barbaras allmählich in Erscheinung tretendem Selbstbewußtsein? Die Blätter fehlen noch; dadurch wird die Struktur des Baumes aber deutlicher – verät sie Barbaras Halt in sich? Als Laubbaum ohne Blätter kündet er von einem

Übergang: Das Mädchen scheint aus der Regression herausgekommen zu sein und mitten in einem Wachstumsprozeß zu stehen, der es in die Pubertät führen wird. In diesem Baum wie in der Art und Weise der Darstellung kündigt sich, noch unauffällig, eine Erstarkung des Kindes an. Mit entsprechender Geduld und Zuwendung meinerseits, mit zunehmender Selbständigkeit und wachsendem Selbstvertrauen der Mutter durch deren eigene Therapie entsteht für Barbara partiell eine Umwelt, die sie aus ihrer Isolation herauslockt. Das weckt im Kind die progressiven Kräfte, die ihm eine altersgemäße Entwicklung ermöglichen.

Barbara kommt immer häufiger für kurze, bald auch für längere Augenblicke aus ihrer Höhle heraus. Sie findet eine Freundin, schließt sich anderen Mädchen an, erst zögernd, dann immer mutiger. Die Psychotherapie wird zum Ort des Übens und Erstarkens, bis Barbara schließlich nur noch sporadisch kommt, nämlich dann, wenn sie tatsächlich Hilfe braucht und sich aussprechen möchte.

Inzwischen hat sich ihre Mutter von ihrem Mann getrennt und sich das Sorgerecht für ihre drei Kinder erkämpft. Sie ist erstarkt und nachgereift. Die Not ihres Kindes hat ihr ihre eigene Not aufgezeigt. Sie hat sich ihr Leben neu eingerichtet und damit allen Beteiligten – sich, den Kindern und dem Vater – eine Chance zum Neubeginn, einen Anstoß zur Weiterentwicklung gegeben.

Was hier in ein paar knappen Sätzen aufgezeigt wird, war in der Realität für alle Beteiligten ein schwerer Weg voll Leid und Verzicht, aber in Anbetracht der fatalen gegenseitigen Verstrickung, wie sie am Anfang des Kapitels dargestellt wurde, wahrscheinlich die einzige Möglichkeit zur Veränderung. Jedenfalls hat sich die Familie für die Trennung entschieden. Das Leben geht für alle weiter, entspannter, obwohl Stürme nicht ausbleiben.

Abb. 11. Barbara zeichnet den Schulhof, Inbegriff von Lebendigkeit, buntem Treiben und Lärm, menschenleer: So groß ist ihre Angst vor den Mitschülern. Doch mit dem Baum auf der grünen Wiese kündigt sich Hoffnung auf Leben an.

Spontan hat Barbara dies in der folgenden Skizze aufgezeichnet:

Mein Leben

Hier war ich früher
Kindheit — *Vormales Leben*
schön — *schön*
Schule
Hier bin ich
Graben

Barbaras Weg

Inzwischen ist sie zur jungen, eigenwilligen Frau herangereift und steht am Beginn ihrer Berufsausbildung.

Das Kind als Rebell der Familie
*Ein Junge sprengt
den emotionalen Käfig seiner Eltern*

Es gelingt nicht immer, Schulschwierigkeiten zu überwinden. Manchmal hilft intensives Lerntraining. Doch oft verstecken sich hinter Lernschwierigkeiten psychische Probleme, denen sich die Eltern meist nicht gewachsen fühlen. Häufig wird leider nur sehr zögernd Hilfe durch Psychotherapie in Anspruch genommen.

Markus ist in der Schule auffällig. Seine Lehrerin zweifelt an seiner Intelligenz. Seine Eltern sind darüber bestürzt. Beide kennen eine intellektuelle Infragestellung aus ihrer eigenen Kindheit nicht, sie sind daher überhaupt nicht gegen eine derartige Schwierigkeit ihres Kindes gewappnet. Sie haben – ohne sich bis dahin je einmal bewußt Rechenschaft abgelegt zu haben – stillschweigend angenommen, ihre beiden Söhne Markus und Peter würden – was die intellektuellen Anforderungen betrifft – ihre Schulzeit ohne große Probleme absolvieren.

Dies sind Wissen und Informationsstand meinerseits zum Zeitpunkt, da ich Markus auffordere, seine Familie zu zeichnen. Er überlegt kurz und antwortet mir sehr bestimmt, daß er wohl gut und gern zeichne und male, aber ausgerechnet Menschen könne er schlecht zeichnen. Ich solle ihm doch bitte eine andere Aufgabe stellen. Die Klarheit seiner Ausdrucksweise, die Bestimmtheit und Offenheit, mit der mir der Elfjährige schildert, was er kann oder nicht kann, was er tun möchte oder vielmehr nicht tun möchte, lassen mich aufhorchen. Wir einigen uns schließlich, beim Thema zu bleiben, dieses aber in

Form von Tieren darzustellen. Die Idee findet Markus gut, sie macht ihm Spaß. Er scheint Humor zu haben.

Alle verschiedenen Arten von Farben weist er zurück, nur den weichen Bleistift akzeptiert er zur Erfüllung dieser Aufgabe.

Es ist auffallend, daß er – wie schon Michael und Barbara – bei seiner ersten Zeichnung zum Bleistift greift. Die Tatsache, daß diese Linien jederzeit ausgelöscht und neu gezeichnet werden können, scheint die Anfangsangst vor dem Zeichnen zu vermindern. Alle drei Schulkinder scheinen also keinen spontanen Zugang zur Farbe mehr zu haben, während die kleine Elisabeth nur farbig zeichnet. Farben sind Ausdruck der Gefühle, ihre Vielfalt ist ein Spiegel emotionaler Vielfalt. Unsere Kinder wachsen in einer Kultur auf – für sie durch Eltern und Schule repräsentiert –, die spontanen Gefühlsäußerungen gegenüber skeptisch ist oder diese sogar verhindert. Dies ist ein Verlust, den der Mensch teuer bezahlt: Wo der Reichtum der Gefühle und die Fähigkeit, sie zu leben und zu äußern, zugunsten einer rationalen Entwicklung geopfert wird, verkümmert seelisches Leben, weil wir unsere Liebes- und Beziehungsfähigkeit verlieren. Wir bezahlen mit dem Verlust an Menschlichkeit für diese Einseitigkeit.

Die emotionale Entwicklung des Kindes sollte nicht der intellektuellen geopfert werden. Die Gefühlserziehung ist ebenso wichtig wie die Förderung der geistigen Fähigkeiten; echte menschliche Entfaltung kann sich nur im Spannungsfeld, das dazwischen liegt, vollziehen. Daher ist es jedesmal ein befreiendes Erlebnis, wenn ein Mensch im Laufe einer Therapie wieder Zugang zu seinen Gefühlen findet. Kindern gelingt dies meist schneller als Erwachsenen; es ist noch nicht so vieles verdrängt. Michaels viertes Bild, sein »Picasso«, ist ein Farbbild, das unbestritten einen Durchbruch im Ablauf der Therapie darstellt; mit dem Selbstporträt zeigt er all seine Ambivalenz dem Leben gegenüber auf.

Barbara greift, bereits während sie ihr erstes Bild zeichnet, zu Farbstiften, so sehr ist sie von ihren Gefühlen bestimmt, so schwer fällt es ihr, diese zurückzuhalten. Zu intensiver Farbigkeit stößt sie aber erst im Höhlenbild vor: Erst in der Regression findet sie sich in ihrer eigenen Gefühlswelt, und erst die Rückkoppelung an die Gefühle ermöglicht ihr allmählich den Zugang zu ihrer Umwelt.

Markus liegt von den vier Kindern, deren Entwicklung während einer kurzen Strecke in diesem Buch beschrieben wird, am meisten im Widerstreit mit seinen Gefühlen.

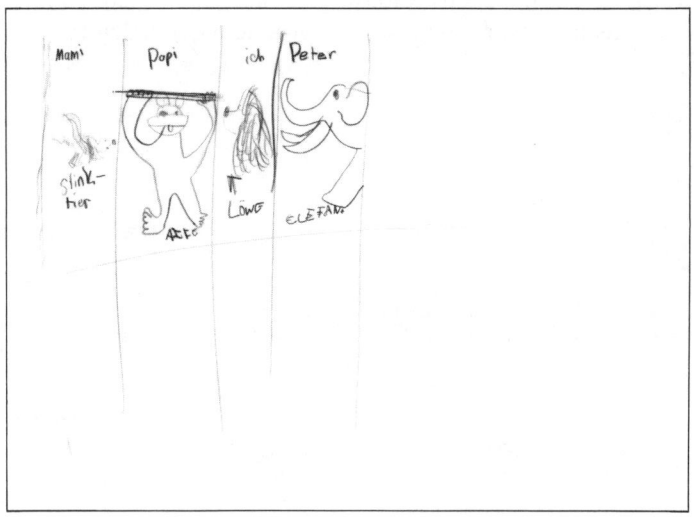

Markus' Familie

Seine Familienzeichnung hebt sich auch deutlich von denjenigen der anderen Kinder ab. Markus beansprucht nicht einmal ein Viertel des Blattes: Alle Familienmitglieder sind in die obere linke Ecke gezeichnet. Das Blatt ist überhaupt nicht ausgenutzt. Wenn wir uns vorstellen, daß das Zeichenblatt stellvertretend für seinen Lebensraum steht, so wird schnell klar, daß der Junge unfähig ist, sich Raum zu nehmen. Er lebt zurückgedrängt in einer Ecke, er hat sich in den vom Vordergrund am weitesten entfernten Teil zurückgezogen.

Die Zeichnung fordert heraus. Was will der Junge damit sagen, daß er die ganze Familie dorthin zurückdrängt, daß Leben nur in dieser entfernten Ecke möglich ist? Die Interpretation der einzelnen vier Quadranten, die durch das Fadenkreuz entstehen, ist unterschiedlich. Wir bewegen uns hier auf einem umstrittenen Gebiet, in dem sich die Interpretation aus wissenschaftlichen Spekulationen und empirisch erfaßten Werten zusammensetzt. Der Kunsthistoriker Michael Grünwald hat anhand eines Legetestes nachzuweisen versucht, daß der Raum für jeden Menschen – gleich ob Künstler oder Versuchsperson – spezifische symbolische Bedeutung aufweist. Er hat folgendes Raumschema aufgestellt, das ich meinen Ausführungen weitgehend zugrunde legen möchte:

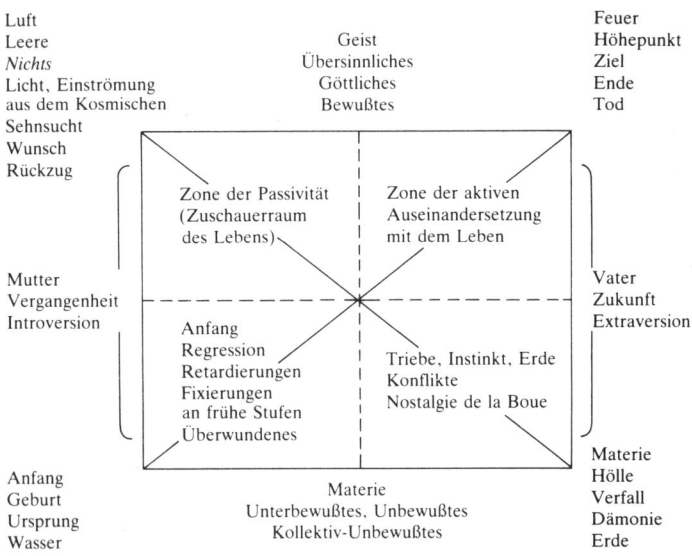

Raumschema nach Grünwald

Die Familie von Markus hält sich nach dieser Terminologie in der Zone der Passivität, im Zuschauerraum des Lebens auf. Hat der Junge in sich ein Gefühl des Abseitsstehens, des Nicht-dazu-Gehörens, das für ihn eigentlich unerträglich ist und das er daher in der Zeichnung auf die ganze Familie projiziert? Ich denke, daß die eingehendere Betrachtung der Zeichnung weiteren Aufschluß und vielleicht sogar eine Antwort auf diese für ein Kind lebenswichtige Frage geben wird.

Das größte Tier auf dem Blatt ist der Affe, ein Tier, das auf Kinder jeden Alters große Anziehungskraft ausübt. Kommt es daher, weil der Primat dem Menschen so ähnlich ist? Werden nicht gerade aus dieser Ähnlichkeit heraus die Unterschiede deutlicher wahrgenommen? Der Affe ist ausgesprochen geschickt und kann Dinge tun, die wir auch gern tun möchten, die wir aber als Menschen infolge unserer Verstandes- und Normenkontrolle nicht mehr tun dürfen. Ist es also ein Stück neidischer Bewunderung auf seine tierische Freiheit gegenüber unserer kultürlichen Gebundenheit?

Fest steht jedenfalls, daß wir voller Inbrunst sagen können: »Du bist ein Affe!« Ich denke, daß darin nicht nur Ablehnung und Verachtung stecken (wie etwa in »Du bist eine Kuh!«), sondern daß darin ebenso Neid anklingt, der in der Verachtung zu unterdrücken versucht wird.

Wenn Markus seinen Vater in diesem Sinn gezeichnet hat, so könnte daraus ersichtlich werden, daß er den Vater eigentlich als den Größten, Stärksten, Gewandtesten, Mächtigsten der Familie einschätzt. Gleichzeitig drückt er mit der Wahl dieses Tieres aber auch aus, daß er diese Position nicht nur bewundert, sondern ebenso beneidet: Er selbst möchte groß, stark, gewandt und mächtig sein. Auf diese Weise stellt er sein Rivalisieren mit dem Vater dar, den er bewundert.

Zur Erläuterung sei beigefügt, daß der Querstrich über dem Affen eine Türstange darstellen soll, die in der Familie eine wichtige Rolle spielt; daran turnen alle, Mutter und Vater, Markus und sein jüngerer Bruder. Die ganze Familie ist ausgesprochen sportlich. Jederzeit fit zu sein, ist wichtig. In Markus' Sprache heißt »einen Affenzahn drauf haben«: ein unheimlich schnelles Tempo einhalten können, sei dies nun beim Rennen, Radfahren oder sonstwo.

Ist dieser Papi-Affe denn tatsächlich ein derart grimmiger Kraftprotz? Hat er nicht auch etwas Weiches, vielleicht sogar Komisches, das lächerlich anmutet? Erinnert er nicht auch an eine Mickymaus-Figur? Vielleicht versucht Markus dadurch, Größe und Autorität des Vaters in Frage zu stellen. Diese Karikatur setzt herab, erniedrigt. Vielleicht ist dies sogar eine stille Rache des rivalisierenden Sohnes an seinem Vater.

Markus hat in dieser Darstellung – vollkommen unbewußt und auf den ersten Blick sehr gut versteckt – seine starke

Ambivalenz dem Vater gegenüber ausgedrückt. Einerseits liebt er ihn innig: Er zeichnet ihn als größtes von allen Familienmitgliedern, er ist frontal dargestellt, direkt auf den Betrachter ausgerichtet; er ist durch die Stange in den häuslichen Rahmen der Familie hineingestellt. Anderseits ist es kein angsterregender Gorilla oder Orang-Utan, sondern zumindest in der Kopfform eher eine niedliche harmlose Mickymaus, die uns, die kleine Zunge herausstreckend, mit aufgestellten Öhrchen und fehlender Nase anschaut.

Größe und Können des Vaters werden herausgestrichen, aber gleichzeitig werden diese Qualitäten ins Lächerliche gezogen. Was der Mensch unbedingt besitzen möchte, ihm aber nicht erreichbar ist, kann er derart beneiden, daß er das Angestrebte schließlich degradiert. Ist denn Markus ein frustriertes Kind? Hat er eine Affenliebe zum Vater als dem Angebeteten, Verehrten, dessen Qualitäten zu erreichen ihm unmöglich erscheint? Trägt der Vater zu dieser Reaktion, die bei Markus ausschließlich in Frustration gemündet hat, das Seine bei? Hat auch er eine Affenliebe zu seinem ältesten Sohn, die sich zum Beispiel in Inkonsequenz ausdrückt? Liebt er ihn dann maßlos, wenn er bestimmte Forderungen erfüllt, läßt er ihn dann fallen, wenn er schlechte Leistungen erbringt, wenn er väterlichen Vorstellungen nicht entspricht? Im Ausdruck »Affenliebe« ist etwas Maßloses enthalten: ein Zuviel an Zuwendung, das einerseits schön, anderseits lästig sein kann, eine Zuwendung, die eher »triebhaft« und nicht nach dem Bedürfnis des anderen, sondern nur nach dem eigenen ausgerichtet ist. Im sprachlichen Ausdruck wird zumindest deutlich, daß es sich um eine unkontrollierte, unberechenbare Zuwendung handelt. Markus scheint nicht sicher zu wissen, wann und in welchem Ausmaß er die Liebe des Vaters bekommt. Interessant ist in diesem Zusammenhang die Tatsache, daß das Kind die Liebeszufuhr an die Figur des Vaters und nicht, wie wir das üblicherweise kennen, an die Mutter knüpft. Der Vater zeigt mütterlich possessives Verhalten auf, er vereinnahmt. Steht er etwa anstelle der Mutter?

Die Mutter wird »jenseits« des Vaters, relativ klein, als in Aktion befindliches Stinktier festgehalten. Es hat wohl einigen Mut gekostet, sie so darzustellen; der Bleistiftstrich ist gegenüber demjenigen des Affen entsprechend zögernder und feiner. Obwohl die Aggression der Mutter gegenüber spürbar ist, wird sie mit Vorsicht dargestellt, das Tier ist auch ziemlich klein gezeichnet. Seine Stinkladung läßt es zwar deutlich sichtbar hinaus, aber es hat sein Hinterteil niemandem zugewandt.

Rächt sich Markus mit dieser Charakterisierung an seiner Mutter? Drückt er darin seine Wut und Enttäuschung ihr gegenüber aus, indem er sie als lästiges, die Luft verpestendes Tier einfängt? Er setzt sie an den äußeren linken Bildrand, der Vater steht oder hängt zwischen Markus und seiner Mutter; damit scheint er die Gefahr zu bannen. Markus kann gar nicht mit ihr direkt in Berührung kommen. Aber die Luft durchdringt bekanntlich alle Räume, das Stinktier ist imstande, die gesamte Atmosphäre zu verpesten. Die Art der Darstellung scheint mir ein Versuch des Jungen zu sein, diese Tatsache zu verdrängen. Benutzt er vielleicht sogar den Vater, um sich vor der Mutter, insbesondere vor deren Einflüssen zu schützen? Braucht er den Vater als ein Mittel zur Abschirmung vor der Mutter? Hier zeigt sich ein unbewußtes seelisches Vorgehen, das im Bild sichtbar wird.

Eine Herabsetzung der Mutter zugunsten einer Erhöhung des Vaters: Eine derart unterschiedliche Erlebnisweise der beiden Elternteile steht immer in direktem Zusammenhang mit den Erfahrungen, die ein Kind mit seinen Eltern – besonders in seiner frühkindlichen Phase – gemacht hat. Es ist jedoch viel zu vereinfachend, sagen zu wollen, Markus werde einseitig vom Vater geliebt und von der Mutter abgelehnt.

Frau und Mann sind bekanntlich nicht automatisch reif für ihre Elternrolle, wenn sie Mutter und Vater werden. Es ist ein Trugschluß, zu meinen, Schwangerschaft und Geburt würden aus einer Frau selbsttätig eine Mutter machen. Da findet nicht einfach eine automatische Umfunktionierung von Frau zu Mutter, schon gar nicht von Mann zu Vater statt. Dies ist im Gegenteil beim Menschen ein erst allmählich einsetzender Reifungsprozeß, der oft so tiefgreifende Umstellungen erfordert, daß nicht jede junge Frau oder jeder junge Mann sich bereits zum Zeitpunkt der Geburt oder in den ersten Lebensjahren des Kindes bejahend diesem eigenen, inneren Wachstum stellen kann, das eigentlich zum gesunden Gedeihen des Kindes notwendig wäre.

Mutter und Vater sind auf dieser Zeichnung als vollständige Tiere gezeichnet, sich selbst hat Markus nur durch eine Kopfform dargestellt, die er als Löwe bezeichnet. Dadurch, daß er nur den Kopf und nicht den ganzen Körper zeichnet, fehlt Wesentliches, das den Löwen ausmacht: Pranken und Muskeln, Stattlichkeit, Kraft und Größe. Dadurch ist dieser Löwe handlungsunfähig.

Der Löwe ist unbestritten das Sinnbild für Kraft und Macht. Im Bogen der Tierkreiszeichen steht er im Zenit, verbindet sich mit der Kraft der Sonne und wird so zum Symbol für Macht, Selbstbewußtsein und Mut. Porträtiert sich Markus als Löwe, weil er sich so stark und mächtig fühlt wie ein Löwe, gehört der Löwe zu seinem Namen wie selbstverständlich dazu, oder drückt er damit eher den Wunsch aus, so zu sein? Steht dahinter vielleicht eine Allmachtsphantasie? Gefühle und Sehnsüchte von Allmacht befallen allerdings nur denjenigen Menschen, der sich im Grunde genommen ohnmächtig fühlt. Allmacht und Ohnmacht sind die beiden Seiten der gleichen Medaille. In humoristischer Form kennen wir alle den kleinen Gernegroß; die Tragik, das ganze Leid und die immense Gefahr, die sich darin verbergen, übersehen wir leicht.

Hätte Markus diesen Kopf nicht schriftlich als den eines Löwen bezeichnet, sähen wir darin wohl eher einen zahmen, liebenswürdigen Pudel. Je lieber, feiner, zarter ich bin, desto eher werde ich auch geliebt. Um geliebt zu werden, muß ich also fein, weich und lieb sein. Markus' Selbstdarstellung zeigt diese Situation überdeutlich auf. Er drückt darin seine ganze Ambivalenz sich selbst gegenüber aus. Er möchte stark und mächtig sein – omnipotent wie ein Löwe. Darum bewundert und beneidet er seinen Vater. Er fühlt sich aber schwach – liebenswürdig wie ein Pudel. Diese Schwäche hält er nicht aus und täuscht daher Stärke vor. In Augenblicken, da er seine Schwäche und seine Ohnmacht erlebt, träumt er so lange von Stärke und Allmacht, bis sich Realität und Utopie vermischen und er sich für einen kurzen Augenblick als der Starke wähnt. Um so schmerzhafter ist dann jedesmal der unvermeidliche Sturz! Danach braucht er Zuwendung, die er sich in »pudelhafter Manier« des Schmeichelns, Anschmiegens, Schmusens beim Vater holt und dort meist auch zu finden scheint, allerdings in Form von »Affenliebe«. Es ist auffallend, wie er den

Kopf des Pudel-Löwen dem Vater zugewandt gezeichnet hat, die große Nase zuvorderst, Augen und Ohren fehlen oder sind von weichen, wallenden Haaren zugedeckt: weich, lieb, so richtig zum Anfassen und anderseits zum Sich-Einkuscheln. In dieser Haltung der Selbstdarstellung – eigentlich einer Erniedrigung, die er vor sich selbst verbergend als Erhöhung bezeichnet – wirbt er um Gunst und Zuwendung des Vaters. Darin hat er aber eine Rivalin: Auf der anderen Seite des »geliebten Objektes« wendet sich das Stinktier auf sehr ähnliche Art dem Vater zu. Gleichheit und Betonung beider Nasen ist auffallend und verdeutlicht die Gleichartigkeit der dargestellten Situation. Also konkurriert der Junge mit seiner Mutter um die Liebe des Vaters.

Es sei zwischendurch eingefügt, daß ich zur Zeit, als der Junge diese Zeichnung machte, noch nicht mehr an Information über seine eigene Situation und diejenige seiner Familie hatte, als ich in den ersten beiden kleinen Abschnitten zu Beginn dieses Kapitels festgehalten habe. Alle zusätzlichen Erkenntnisse ergaben sich direkt aus dieser Familienzeichnung. Erst nachdem ich diese erste Zeichnung von Markus auf die Art, wie ich sie hier darstelle, zu verstehen versucht hatte, sammelte ich im Gespräch mit Mutter und Vater einerseits und dem Kind anderseits weitere Informationen, um Familienstruktur und -dynamik besser zu verstehen. Die Interpretation der Zeichnung wurde dadurch bestätigt. Ich denke, daß es Leserin wie Leser ähnlich ergehen kann wie mir: Es ist eindrucksvoll, zu sehen, was und wieviel eine Zeichnung aussagt, wenn wir Mühe und Zeit nicht scheuen, uns hineinzuvertiefen.

Markus hat nicht nur Mutter und Vater, sondern auch noch einen drei Jahre jüngeren Bruder, den er als Elefanten zeichnet. In der Darstellung kommt dieser von hinten auf Markus zu, er scheint zu schreiten, obwohl nur ein Vorderbein da ist, allerdings ein kräftiges, das ganz den Ausmaßen des nur teilweise in Erscheinung tretenden Elefanten entspricht. Kraftvoll erhoben und geschwungen ist der Rüssel, ebenso drohend sind die Stoßzähne; beide – Rüssel und Zähne – sind auf Markus gerichtet. Dazu kommen Auge und Ohr, deutlich dargestellt, nicht unter Haaren versteckt wie beim »Löwen«.

Der Elefant wird von Kindern in der Tier-Familien-Zeichnung gern gewählt; Barbara hat ihn zur Darstellung ihres Vaters gebraucht (S. 64). Daß ein älteres Geschwister seinem jüngeren Geschwister die Eigenschaften des Elefanten zuordnet, ist eher selten. Markus attestiert damit seinem bedeutend jüngeren und kleineren Bruder ungemein viel mehr männliche Kraft als sich selbst: Die beiden Stoßzähne, Zeichen des männlichen Elefanten, richten sich, verstärkt durch den Rüssel, aggressiv gegen den Älteren. Markus scheint sich durch Peter außerordentlich bedroht zu fühlen. Ein Elefant kann wegen seiner Masse und Wuchtigkeit nicht übersehen werden. Wir sprechen vom »Elefanten in der Porzellankiste«. Peter scheint – jedenfalls im subjektiven Erleben von Markus – eine eminent stärkere Position innerhalb der Familie einzunehmen als er selbst. Der Jüngere scheint fähig zu sein, sich jederzeit die für ihn nötige oder von ihm gewünschte Beachtung verschaffen zu können. Er ist nicht nur groß und stark (trotz seiner altersmäßigen Schwäche), sondern ebensosehr aggressiv. Er scheint im Gegensatz zu Markus keinerlei Aggressionshemmungen zu kennen, er kann sich zu seinen Gunsten durchsetzen und sich das holen, was für ihn wichtig ist. Das muß beim eher gehemmten, im Teufelskreis von Schwächegefühlen und Machtphantasien gefangenen älteren Kind zweifellos Eifersucht auslösen. Dies bestätigt mir Markus in einem späteren Gespräch mit der Bemerkung, er möchte gern alles sein: Affe, Stinktier, Löwe und Elefant.

Inzwischen ist dem Leser sicher aufgefallen, daß alle vier Tiere säuberlich voneinander durch Striche getrennt sind. Diese Familienzeichnung erinnert tatsächlich an einen Zoo, in dem die einzelnen Tierarten in ihren Käfigen getrennt von den übrigen ihr Dasein fristen. Das Ganze hat etwas Beengendes, Beängstigendes an sich. Wohl herrscht Ordnung, aber es ist keine natürliche, sondern eine Zwangsordnung. Ist jedes Tier für das andere so bedrohlich, daß sie besser in einzelnen Käfigen »gehalten« werden? Die Trennung zwischen den beiden Brüdern ist durch einen zusätzlichen Strich betont. Aber von der Seite des herannahenden Elefanten wegführend und zu Markus hingebogen, beengt er Markus zusätzlich, der überhaupt von allen Familienmitgliedern den engsten Lebensraum hat – dargestellt durch den kleinsten Käfig. Hier läßt sich wohl erkennen, daß diese Abtrennungsversuche einem Sicherungsbedürfnis von Markus entsprechen. Es scheint für ihn die einzige Möglichkeit zu sein, sich seinen ohnehin kleinen Lebensraum zu sichern. Tragischerweise geht diese Absicherung auf Kosten eines gegenseitigen Miteinanderseins, eines gegenseitigen, direkten Austausches. Markus scheint seine Familie so zu erleben, als lebe jedes Mitglied in seinem eigenen Bereich ohne gegenseitigen Austausch. Vielleicht zeigt er aber mit dieser Art der Darstellung seine eigene Unfähigkeit, emotional tiefere Kontakte und Bindungen aufzunehmen und einzugehen, und projiziert diese Schwierigkeit auf die ganze Familie. Vielleicht sehnt er sich nach Nähe und fürchtet sie gleichzeitig, weil er sich dann bedroht, vereinnahmt und damit verloren fühlt. Die Wahl des linken oberen Quadranten in dem eingangs des Kapitels erwähnten Raumschema hat sich somit bestätigt.

Markus ist durch diese erste Zeichnung sehr angeregt worden. Sofort will er eine weitere machen (Abb. 12). Schnell hat er mit Bleistift die Umrisse der linken Figur gezeichnet. Und nun greift er zu den Farbstiften. Was er vorher vehement zurückgewiesen hat, Menschen zeichnen zu können und Farben zu verwenden, scheint er vergessen zu haben. Eifrig ist er am Werk, dazwischen schaut er jeweils auf und scheint zufrieden zu sein, daß ich am gleichen Tisch sitze und ihm bei der Arbeit zuschaue; möglicherweise kontrolliert er mein Verhalten und die Distanz zwischen uns. Dann erklärt er mir, daß es ein Gauner sei, den er zeichne. Und dabei kommt seine ganze Hingabe an diese Figur zum Ausdruck. Er phantasiert sich so richtig in sein Geschöpf hinein, dessen Heldentaten er bewundert. Die Unterscheidung zwischen Realität und Phantasie, zwischen Ich und Gauner findet bald nicht mehr statt. Plötzlich greift Markus wieder zu den Farbstiften und malt etappenweise die bunten Haare. So wird aus dem Gauner ein Punk, den er wiederum bewundert. Er zollt dieser Gruppe junger Menschen höchste Achtung, weil sie sich über alle Regeln und Normen hinwegsetzt. So möchte er auch sein, sagt Markus, aber er hätte eben den Mut dazu nicht. Dann erzählt er mir Schauergeschichten, wie sich die Punks Schrammen zufügen und Sicherheitsnadeln ins Fleisch stecken. Dabei malt er mit sichtlichem Wohlbehagen die roten und gelben Blut- und Eitertropfen aus. Ist er vielleicht wehleidig und kompensiert auf diese Weise seine Angst vor Schmerzen? Oder ist er gar masochistisch, so daß er physisches Leiden genießt? Es wird wohl so sein, daß Markus auf diese Art versucht, das Ertragen von Schmerzen zu idealisieren. Nur so kann er mit seinen eigenen seelischen Verwundungen leben.

Großes Interesse gilt auch den Zähnen. Zähne sind Werkzeuge zum Zubeißen. Kranke Zähne können nicht mehr zubeißen. Sind sie vom vielen Zubeißen krank geworden? Oder sind sie krank, damit sie nicht zubeißen müssen? Markus stellt hier Aggressionsmöglichkeit und -hemmung sehr direkt dar. Zudem scheint er, wie ich bis jetzt beobachtet habe, ein temperamentvoller, aber sehr gepflegter Junge zu sein. Sind diese vernachlässigten Zähne ein indirekter Protest gegen die elterliche Erziehung? Reinlichkeitserziehung scheint im Elternhaus – entsprechend der Zwangsordnung im vorherigen Bild – großgeschrieben zu werden. Markus zieht beispielsweise bei mir seine Schuhe bereits vor der Wohnungstüre aus. In späteren Therapiestunden erlebe ich dann auch, daß er beim Händewaschen nach dem Malen mit Fingerfarben nie mein Handtuch benutzt.

Ganz zuletzt zeichnet er noch den Anker auf dem Pullover des Gauners. Markus träumt davon, die ganze Welt kennenzulernen, und erzählt mir, wo er schon überall gewesen ist. Auch hier spüre ich, daß Realität und Wunschvorstellungen nahtlos ineinander übergehen. Warum ist es für ihn so schwierig, die beiden Welten auseinanderzuhalten? Entspricht dies noch seinem Alter, oder ist er in seiner Entwicklung etwas retardiert? Oder muß er damit gar etwas ausgleichen? Was wird denn eigentlich kompensiert? Lauter Fragen, deren Beantwortung wahrscheinlich helfen wird, das Kind und seine psychische Situation besser zu verstehen und dadurch vielleicht Therapieansätze zu liefern, die Markus dazu dienen werden, aus seinen momentanen Schwierigkeiten herauszufinden.

Ganz unvermittelt greift Markus wieder nach dem weichen Bleistift, mit dem er die Familienzeichnung hergestellt hat, und zeichnet die Umrisse der Figur rechts auf dem Blatt. Sie ist im Profil festgehalten, schaut also zum Gauner hin, der frontal gezeichnet ist. Diese zweite Figur scheint demnach in Beziehung zur ersten zu stehen. Markus wiederholt die Trennungsstriche der ersten Zeichnung nicht, so daß der Bezug deutlich wird, obwohl er sonst überhaupt nichts von der einen Figur zur anderen hinüberfließen läßt. Es gibt keine Berührungspunkte, die Distanz ist gewahrt. Kräftig malt Markus die neue Figur mit Pastellkreiden aus. Auch sein neues Geschöpf gefällt ihm, er nennt es »Mann mit Stumpen« (Zigarre) und findet es »lässig«. Geraucht wird bei ihm zu Hause nicht, denn das verträgt sich nicht mit Sportlichkeit.

Obwohl die Figur von Markus als Mann bezeichnet wird, hat sie sehr weibliche, runde Formen. Sie strahlt auch Weichheit aus, nicht nur wegen der runden Formen und sanften Linien, sondern auch durch den Charakter der Pastellkreiden, die einer starken Emotionalität Ausdruck verleihen. Zudem scheint sie ein Kleid und nicht etwa Männerhosen zu tragen, genau ist dies aber nicht zu sehen. Ist es eine Wunschfigur? Sie scheint etwas Stereotypes aufzuweisen: Wir sind erinnert an Zigarrenreklamen, die Feierabend und Gemütlichkeit dank Rauchen propagieren. Auffallend ist das Fehlen des Halses, was der Figur etwas Starres verleiht, obwohl ihr Haar lebendig, ungebändigt und kraftvoll wirkt. Mit Schwung sind auch in Schwarz Auge, Mund, Zigarre, Arm und Taschenschlitz nachträglich hineingezeichnet. Trotz der weichen Formen wirkt die Figur stark: hingewendet zum Gauner, vielleicht fixiert auf eine Rolle. Das tritt besonders deutlich hervor, wenn wir sie mit der Gaunerfigur vergleichen, die unter anderem durch ihren langen, kühn hingesetzten Hals ausgesprochen beweglich und lebendig wirkt.

Im weiteren Gespräch stellt sich heraus, daß sich Markus deutlich mit der Gaunerfigur identifiziert und in der zweiten Figur seinen Vater teilweise so hingemalt hat, wie er ihn tatsächlich erlebt, und teilweise, wie er ihn sich wünscht. Der Vater scheint nicht bloß als kräftiges, mächtiges Familienoberhaupt verehrt und beneidet zu werden, er scheint ebenso stark mütterliche Funktionen zu erfüllen. Dies bestätigt sich erneut.

Hier seien kurz einige Angaben zum Leben des Jungen eingefügt, wie ich sie in einem Gespräch mit den Eltern nach der Entstehung der beiden oben besprochenen Zeichnungen erhielt. Beide Eltern sind äußerst besorgt über die Situation ihres ältesten Sohnes; all ihre Bemühungen haben bis dahin keine Abhilfe bringen können. Beide Eltern sind von hoher Intelligenz, gleichzeitig wissen sie um ihre Verantwortung den Kindern gegenüber. Als Markus zur Welt kam, war die junge Frau noch sehr unsicher in bezug auf ihre eigene weibliche Identität, vor allem auch auf ihr Muttersein. In dieser Unsicherheit stützte sie sich bei der Erziehung ihres ersten Kindes auf theoretische Kenntnisse aus Büchern über Kindererziehung. Markus wurde nach theoretischen Konzepten möglichst schnell zu »Unabhängigkeit« erzogen. Mit einem gewissen Stolz erzählt die Mutter, daß der Kleine zum Beispiel während des Urlaubs im Ausland schon mit zwei Jahren nachts ohne Angst allein im Hotelzimmer geschlafen habe, während die Eltern eine Veranstaltung besuchten. Dies diene als einziges Beispiel zur Illustration der in ihrer eigenen Emotionalität unsicheren und daher sehr distanziert nach Regeln erziehenden Mutter. Der junge Vater hatte – wie die Sprache so treffend ausdrückt – an seinem Jungen den Narren gefressen. Er füllte die emotionale Lücke aus, die durch die Schwierigkeiten der Mutter mit sich selbst entstanden war. Der Vater seinerseits, als Halbwaise mit Vater und Brüdern aufgewachsen, war bis zum Therapiebeginn seines Sohnes vollkommen unreflektiert Mittelpunkt seiner eigenen Familie gewesen und versuchte aufgrund eigener Kindheitserlebnisse sämtliche Spannungen zu überspielen und als Gegengewicht seine Söhne zu verwöhnen. Er wollte ihnen alles bieten, was ihm selbst versagt geblieben war. Dadurch ist er wohl recht schnell zu jenem ambivalent geliebten Objekt geworden, von dem Markus alles erwartet, total abhängig ist und das er gleichzeitig bewundernd beneidet.

Die jetzige geringe Frustrationstoleranz von Markus geht zurück auf die frühkindlichen Frustrationen, die er durch die rigide – wohl gutgemeinte – Haltung der Mutter erlitten hatte. Seine Selbständigkeit ist nur eine scheinbare: In der Familienzeichnung bettelt er um die väterliche Zuwendung, gleichzeitig

Abb. 12. Markus: Gauner-Punk und Mann mit Zigarre

stellt er durch die Trennungsstriche seine Isolation dar. Er fühlt sich vernachlässigt und zurückgestellt; unfreiwilliges Alleinsein, unerfüllte emotionale Bedürfnisse als Kleinkind haben in ihm ein Gefühl von Nichtigkeit und Ohnmacht ausgelöst, das er mit Wünschen und Vorstellungen von Omnipotenz kompensiert. Das äußert sich etwa in den beiden Zeichnungen, in denen er als Löwe und als Gauner/Punk auftritt; der Löwe ist nicht als stolzes, stattliches Tier, sozusagen als König unter den Tieren dargestellt – so zu sein ist zwar Wunsch des Jungen –, sondern als um Liebe bettelnder »Schmuse-Pudel« – das ist sein Bedürfnis, mit allen Fehlern angenommen zu werden. Gauner und Punk sind in ihrer einseitigen Rolle wohl stark, weil sie sich über Gesetze und Normen der Gesellschaft hinwegsetzen – in dieser Stärke zollt ihnen Markus totale Bewunderung –, sie haben aber aus der Not eine Tugend gemacht. In ihrem innersten Wesen sind sie hilflos, schwach und einsam – wie Markus, wenn ihn die Gefühle des Abgelehntseins heimsuchen. Schwäche wird mit (Schein-)Stärke kompensiert. Wie gefährlich eine Identifikation mit Pseudo-Kräften für die Entwicklung eines Kindes werden kann, läßt sich aufgrund der bisherigen Darstellungen in bezug auf Markus deutlich erahnen: Ihm droht die einseitige Identifikation mit dem sogenannten negativen Helden.

Unter den geschilderten Voraussetzungen in menschliche Gemeinschaft hineinzuwachsen ist fast nicht möglich. Denn dies setzt Vertrauen zu sich selbst und zum Leben voraus, das der Mensch erwiesenermaßen während seiner ersten Lebensphase in der engen Kind-Mutter-Beziehung erfährt. Diese Symbiose schenkt ihm Urvertrauen, das ihn später unter anderem zum Eingehen sozialer und natürlich auch liebender Beziehungen befähigt. Darauf gründet sich die spätere Kontakt- und Kommunikationsfähigkeit des Menschen.

Markus hat in der Schule keine richtigen Freunde. Er knüpft nur lose Kontakte an, die schnell wechseln können. Aber ein recht brutaler, physisch starker Junge übt auf ihn eine Faszination aus, die am besten mit Haßliebe umschrieben werden kann. Also besteht auch auf der realen Ebene, im konkreten Alltag, jene Anziehung durch den negativen Helden.

Wenn es nicht gelingt, dieses erlittene Defizit zu füllen, droht Markus eine Kontaktsucht, die mit einer Unfähigkeit zu echter Partnerschaft verbunden ist. Denn er wird ausschließlich Zuwendung suchen und fordern, selbst aber nicht in der Lage sein, eine kontinuierliche Beziehung eingehen zu können. Jede emotionale Nähe wirkt bedrohlich, denn sie ruft die Erinnerungen an jene Kränkungen aus der frühesten Kindheit wach und birgt in sich die Möglichkeit der Verletzung. Davor schützt sich ein derart verletzter, traumatisierter Mensch, indem er sich nie mehr ganz einläßt, sondern immer Distanz hält, sich dabei aber ständig nach Nähe sehnt.

Für die defizitäre Mutterbeziehung rächt sich Markus unbewußt mit dem Stinktier. Ein Stinktier macht durch seine Eigenart Nähe unmöglich.

Die tragische Bilanz erschüttert die Eltern von Markus sehr. Sie sind einsichtig genug, selbst eine Psychotherapie aufzusuchen, um aufgrund intellektueller wie emotionaler Einsichten Veränderungen zu verwirklichen, die bei Markus nicht ohne Wirkung bleiben: Allmählich gewinnt er Boden unter den Füßen und kommt aus dem Teufelskreis von Nähe und Distanz langsam heraus. Das löst für ihn zwar noch nicht alle seine Probleme, vor allem nicht seine oft maßlose Eifersucht gegenüber dem jüngeren Bruder. Aber mit zunehmender Aggressionsfähigkeit kann er sich auch besser gegen diesen abgrenzen. Der jüngere ist schon nicht mehr unter den gleichen rigiden Erziehungsprinzipien wie Markus herangewachsen.

Was hier in ein paar kurzen Sätzen zusammengefaßt worden ist, wird für die beiden Eltern ein schmerzvoller Prozeß der Einsicht und ein langer, schwieriger Weg der eigenen Identitätsfindung und der Verwirklichung eines echten, von innen heraus gesteuerten Elternseins; dies nimmt Jahre in Anspruch. Für das Kind schafft bereits die Tatsache, daß sich die Eltern bewußt mit ihm und mit sich selbst auseinandersetzen, Erleichterung. Wenn Eltern in ihr neuroseförderndes Verhalten einsichtig werden, mobilisieren sich im Kind meist relativ schnell Kräfte, die es in eine neue, förderliche Entwicklung führen. Die Auseinandersetzung, die Markus im folgenden Jahr, durch die Therapie gefördert, zu bewältigen hatte, spiegelt sich sehr deutlich in seinen dabei entstandenen Zeichnungen.

Auch Markus erzähle ich, nachdem er etwa ein Vierteljahr bei mir in der Therapie war, das Märchen von der Heckentür (S. 26). Ich denke dabei, daß es bei ihm einiges auslösen könnte; denn gerade das Allein- und Zurückgelassenwerden durch die Mutter, wie es in diesem Märchen geschildert wird, hat er ja sehr ausgeprägt erlebt, nicht aber die Geschwister-Solidarität. Hier ist seine Zeichnung:

Szene aus dem Märchen »Die Heckentür«

Die Episode aus dem Märchen, die Markus für seine Zeichnung wählt, scheint emotional »zu heiß« zu sein, als daß er sie farbig darstellen könnte.

Michael hatte dieselbe Szene ausgewählt; ein kurzer Vergleich, den der Leser vornehmen kann, macht den Unterschied der seelischen Situation der beiden Jungen ohne viele Worte deutlich. Wiederum sind wir an das chinesische Sprichwort erinnert: »Ein Bild sagt mehr als tausend Worte.«

Die Strichführung wird dort markant, wo sich für Markus' Empfinden wichtige Dinge abspielen: Bruder, Gartentür, Gestik des zählenden Räubers, Gesicht, Arme und Dolch des stehenden Räubers heben sich deutlich ab. Die Lust am dramatischen Geschehen ist groß. Der Baum, auf dem die beiden Kinder sitzen, ist ganz fein gezeichnet. Er scheint riesengroß zu sein, seine Krone hat auf dem Blatt nicht mehr Platz. Es ist vollkommen rätselhaft, wie die beiden Kinder ihn überhaupt erklimmen konnten. Wenn der Baum unter dem Aspekt seelischen Wachstums betrachtet wird, so fällt seine Wurzellosigkeit wohl als hervorstechendes Merkmal auf. Auf dieses Phänomen sind wir schon in Barbaras Familienzeichnung gestoßen. Allerdings fehlt hier bei Markus die Abgrenzung des Stammes nach oben und unten. Zwei Striche, die den dicken Stamm markieren, beginnen einfach nicht ganz am unteren Blattrand. Der Baum hat also keinen Halt, weil er nicht mit der Erde verwachsen ist. Haltlos ist auch Markus, er findet in sich keinen tragenden Grund, er lebt in Machtphantasien, die ihn von der Realität wegtragen, er ist halt- und maßlos in seinen Ansprüchen aufgrund seiner erlittenen Defizite.

Beinahe gleich schwach hat er auch die Schwester aus dem Märchen gezeichnet. Hier zeigt sich eine Parallele zu Michaels Zeichnung, der die Schwester ja nur andeutungsweise hingemalt hatte. In beiden Familien ist das weibliche Element nur durch die Mutter vertreten; beide Mütter haben aber, jede auf ihre eigene Art, Schwierigkeiten, ihr Frausein zu leben. Wie der Baum auf Markus' Zeichnung, findet auch die Schwester nicht ganz auf dem Blatt Platz. Für weibliche Wesen hat der Junge bis jetzt eigentlich nur Verachtung übrig. Um so deutlicher zeichnet er den Bruder aus dem Märchen und verrät damit seine Identifikation mit ihm. Am stärksten wird die hinuntersausende Gartentür gezeichnet und ausgemalt. Sie weist sechs Latten auf. Auf die Symbolik der Sechs ist bereits in Barbaras Zeichnung eingegangen worden (S. 71); sie hat im Garten bei der Darstellung desselben Märchens je vier und sechs Gartenbeete gemalt. So sei hier nur darauf verwiesen, daß die Sechs Ausdruck einer Beziehung ist oder aber Hinweis auf ihr Fehlen. Markus stellt darin unbewußt das dar, was ihn fasziniert: Als die Gartentür heruntersaust, ergreifen die Räuber die Flucht und hinterlassen ihre Beute den Kindern. Diesen Bezug hält Markus mit der Sechs fest, aber auch indem er hervorhebt, was für ihn wichtig ist: Die Tür verbindet Bruder und geldzählende Räuber. Wenn wir ganz genau hinschauen, verbindet sie in der Fallinie allerdings nur Bruder und Geld. Wie eine vor Lust ob des bevorstehenden Gewinns schnalzende Zunge hat er den Türgriff gezeichnet. Der gesamte Hintergrund spielt angesichts des bevorstehenden Sieges überhaupt keine Rolle. Aber vielleicht ist die Umgebung für Markus nicht nur nebensächlich, sondern sie fehlt ihm überhaupt wie auch der Boden.

Der sitzende Räuber mag andeutungsweise in seiner Lebendigkeit an den Gauner aus dem vorangegangenen Selbstporträt erinnern. Auffallend ist vor allem die stehende Figur. Die Brutalität des Gesichts, das auf dem dicken Hals aufsitzt, wird von ebenso brutalen Armen, die aus immensen Muskelpaketen gebildet werden, unterstrichen und noch zusätzlich durch den Dolch verstärkt. Seltsam mutet jedoch an, daß die Hände fehlen, so daß die Verwendung des Dolches illusorisch wird. Wiederum wird die Faszination deutlich, die für Markus von physischer Stärke ausgeht. Er betreibt übrigens zum Leidwesen seiner Mutter täglich Bodybuilding zur Förderung muskulöser Arme. Der Ärger der Mutter scheint im Widerspruch zu den Gesundheitsnormen der Familie zu stehen. Markus erfüllt zwar den Befehl der Familie, seinen Körper zu trainieren; er tut es jedoch auf eine Art, die seine Mutter wegen der Einseitigkeit maßlos ärgert. Genau das genießt er. Er holt sich damit negative Zuwendung, denn seine Erfahrung hat ihm ja gezeigt, daß er positive kaum bekommen kann. Aber dieses Verhalten schadet ihm. Markus gibt seinem »Helden« keine Hände, somit ist er handlungsunfähig, oder noch stärker ausgedrückt: trotz eines immensen Aggressionspotentials ist er

Der Teich im Garten

aggressionsunfähig! Diese innere Spannung ist gefährlich. Sie kann einen Menschen beinahe zerreißen. Bei Markus wirkt sie sich unter anderem in einer zeitweise beinahe unerträglichen Erregtheit und Getriebenheit sowie in großen Konzentrationsschwierigkeiten aus. Dies scheint auch weitgehend der psychologische Hintergrund zu sein, in dem die meisten seiner Schulschwierigkeiten begründet sind.

Im weiteren Verlauf der Therapie zeichnet mir Markus einmal spontan zur Erläuterung eines Traums den Teich auf, den die Mutter zusammen mit ihren beiden Söhnen in den Schulferien ausgehoben und bepflanzt hat. Inzwischen ist er auch von verschiedenem Getier bewohnt, wie die Skizze zeigt. Markus erzählt eifrig von seinen Tierbeobachtungen. Plötzlich zeichnet er in die rechte untere Ecke ein kleines Gebilde und erläutert mir grinsend und erbost zugleich, das sei seine Mutter, die ganz faul auf einem Liegestuhl sitzend lese. Dazu hat er einen Sonnenschirm hingezeichnet, von dem nicht recht ersichtlich ist, ob er demnächst auf die Mutter umkippen wird.

Der untere rechte Quadrant wird als »Mutterecke« bezeichnet; in dem eingangs des Kapitels wiedergegebenen Raumschema gilt er als Ort der Materie, Hölle, Dämonie, Erde, des Zerfalls. Die Art und Weise, wie Markus beim Zeichnen vorgeht, scheint etwas Rachsüchtiges auszudrücken: Er zeichnet die Mutter ganz klein hin, etwa gleich groß wie die Fische im Teich, verbannt sie in die unterste, äußerste Ecke und trennt sie vom übrigen Bild noch durch einen Sonnenschirm ab, der eher bedrohlich als schützend wirkt. In einem Redeschwall, der regelrecht aus dem Jungen herausbricht, schimpft er auf die Faulheit seiner Mutter und verdammt sie mit unflätigen Ausdrücken in die Hölle. Aus dem Kind bricht eine Brutalität hervor, wie sie sich ahnungsweise auf den vorangegangenen Zeichnungen anzukündigen begonnen hat. Markus rächt sich für die früh erlittenen Qualen, die er als Nichtbeachtung und als Ablehnung erlebt hat.

Dazu werden jetzt noch vier Monster-Sonnen hingezeichnet, die – nach den Worten des Jungen – die Mutter auffressen sollen. »Sonnenklar« verleiht Markus seiner Wut Gestalt: Die Mutter ist als »Feind« entlarvt worden, den es zu vernichten gilt. Der schwächliche, halbherzige Versuch, sie durch einen Sonnenschirm zu schützen, stellt eher eine zusätzliche Bedrohung dar. Im gemeinsamen Erstellen des Biotops hat die Mutter aufgrund ihrer Einsichten in die Zusammenhänge ihrer eigenen psychischen Schwierigkeiten und derjenigen ihres ältesten Sohnes versucht, ihren Kindern in einem gemeinsamen, lustvollen Tun emotional nahe zu sein. Markus hat jedoch immer noch Angst vor ihrer Nähe, er ist sich ihrer noch nicht sicher, weiß aufgrund seiner bisherigen Erfahrungen nie, wann sie sich ihm wieder entzieht. Daher kann er sich noch nicht darauf einlassen; es ist für ihn sicherer, die Mutter in die unterste Ecke zu verbannen und sie überdies durch den kippenden Schirm zu erschlagen oder durch die »Sonnen-Monster« aufzufressen. Er identifiziert sich teilweise mit den Sonnen, und wieder wird seine Ambivalenz deutlich: Er möchte seine Mutter einerseits zerstören, sie anderseits aber auch fressen – er hat sie »zum Fressen gern«. So enorm sind seine Ansprüche an sie. Seinem jahrelang aufgestauten Haß, aber auch seinen emotionalen Bedürfnissen endlich freien Lauf lassen zu können, wirkt kathartisch – ganz besonders auch, weil die Mutter inzwischen an sich arbeitet. Aggressionen sind nicht immer einseitig destruktiv. Sie verhelfen auch dazu, notwendige Veränderungen herbeizuführen.

In Markus spielen sich tatsächlich Veränderungen ab. Das wird immer deutlicher. Vor allem nehmen dies auch seine Eltern wahr. Das im Volksmund so geläufige Wort »Wie man in den Wald ruft, so tönt es heraus« gilt auch für Markus. Seine Kontaktscheu, die – wie bereits erwähnt – auf seinen Verlassenheitsängsten aus frühester Kindheit beruht, ruft auch in seiner unmittelbaren Umgebung Zurückhaltung hervor; eines bewirkt das andere. Mit seinen scheinbar unvermittelten Wutausbrüchen fordert er die Mutter aufs äußerste heraus. Dadurch, daß sie auf die Aufforderungen ihres Sohnes eingehen kann und diese nicht einfach aus sogenannten erzieherischen Gründen unterbinden muß, sondern sich zusammen mit dem Kind direkt damit auseinandersetzt, erfährt Markus zum erstenmal Zuwendung in Form von Verständnis, der er sich allmählich öffnen kann.

Aber immer noch »liebt« er seinen Vater über alles, zieht ihn deutlich der Mutter vor. Keine einfache Situation für alle Beteiligten!

In den Therapiestunden ist er viel gelöster geworden. Sehr oft kommt er und will mir zuerst etwas auf dem Klavier vorspielen. Er versucht darin übrigens, seine Mutter auszuste-

Abb. 13. Markus: Pappel am Schulweg

chen und seinem Vater nachzueifern, der sehr gut und gern spielt. Dann wünscht er meist etwas zu malen. Auch darin eifert er seinem Vater nach; dieser malt oft in seiner Freizeit. Je mehr sich Markus von mir akzeptiert fühlt, um so mehr bestimmt er selbst die Thematik dessen, was er malen will. Er erstarkt innerlich zusehends. Im Frühsommer, während einer Schönwetterperiode, da er öfters allein am Morgen früh aus seinem Bett den Sonnenaufgang beobachtet, malt er ein Bild seines Schulweges (Abb. 13).

Der Weg selbst ist auf der Zeichnung nicht sichtbar. Er ist, nach Auskunft von Markus, von Pappeln gesäumt. Eine davon hat er gemalt: vom unteren bis zum oberen Bildrand reichend, in der linken Blatthälfte stehend, die Mitte des Blattes leicht überschreitend. Alle Kleinigkeiten sind weggelassen, der Baum, das Bild überhaupt, ist großzügig gemalt. Und wieder fehlt der Mensch, was sehr an Michaels Bild der Wettertanne erinnert und von neuem aufzeigt, daß sich menschliches Sein – Sprießen, Wachsen, Gedeihen, Sich-Entfalten – im Baum wiedergeben läßt. Zuerst malt Markus den Baum: Auf einen kurzen, kegelförmigen, braunen Stamm setzt er eine hellgrüne ovale Blattkrone, langgezogen und schmal, aus der beidseits kurze Äste herausragen, die anschließend teilweise übermalt werden.

Dann hört er auf zu malen und beschreibt mir diese Pappel bis in alle Einzelheiten. Er hat unter anderem genau beobachtet, wie im Frühjahr das Laub gewachsen ist und wie es sich nun im Winde bewegt. Dies Erzählen steht in grellem Kontrast zum Agieren mit Bleistift und in Worten während der vorangegangenen Teich-Zeichnung. Selten öffnet sich Markus auf diese Art; eher schützt er sich durch Schweigen oder gibt höchstens knappe Hinweise.

Von außen her gesehen unvermittelt – innerlich jedoch logisch, nahtlos ineinander übergehend – beginnt er mir von seinem Vater zu erzählen. Er stellt ihn mir als den alles gewährenden, aber auch alles könnenden, als den idealen Vater dar. Markus möchte selbst einmal auch so werden wie er. Hat er im Baum wohl sich oder seinen Vater dargestellt – oder gar beide in einem einzigen zusammenschmelzen lassen? Die Form erinnert unübersehbar an diejenige des Phallus. Markus fühlt in sich neue Kräfte, dargestellt im Motiv der Pappel wie im Frühlingsgrün und den seitlich sprießenden Ästen, aber ebenso auch eingefangen in seinen Schilderungen und Beobachtungen des Sonnenaufgangs und des Pappellaubes. Kühn setzt er einen Baum auf das Papier, in dem er unbewußt seine eigene erwachende Männlichkeit malt, in der er sich wetteifernd mit dem Vater mißt.

Die Pappel – die eben eingesetzte Entwicklung – steht inmitten einer saftig grünen Wiese: Markus scheint einen nährenden Grund gefunden zu haben. Eine interessante Einzelheit, die er beiläufig erwähnt, als er das Bild schon fast fertiggemalt hat, sei dem Leser nicht vorenthalten: Er bedauert, daß das Blatt zu klein sei, um noch Wurzeln hinzumalen. Er wünscht sich also gleichsam eine Erweiterung nach unten hin, eine Vertiefung – ein Geschehen, das sich gegenwärtig in ihm abzuspielen scheint.

Das Blatt ist im Hochformat bemalt, was der Gestalt der emporsprießenden Pappel entgegenkommt und diese noch verdeutlicht. Bei Markus hat ein innerer wie äußerer Wachstumsprozeß eingesetzt, er wird größer, er reift heran. Das gewählte Format läßt ein Wachsen in der Vertikalen zu: Markus ist auch äußerlich in einem erneuten Schub des Längenwachstums. Mit Stolz stellt er fest, wie ihm Kleidungsstücke schnell zu klein werden. Markus steht aber im Augenblick innerlich ebenso in einer intellektuell-geistigen Entwicklungsphase. Er »verschlingt« Buch um Buch und verliert seinen kindlichen Stil, indem er beispielsweise in seinen Schulaufsätzen immer mehr gedankliche Auseinandersetzungen niederschreibt. Auf wichtigen Stoffgebieten verliert er die bisherigen Schulschwierigkeiten und wird zusehends interessierter. Das Hochformat weist auf die Ausweitung ins Geistige hin und ist Ausdruck davon.

Als eine Art Gegenbewegung kann die horizontale Bergkette im oberen Drittel des Blattes gesehen werden. Auf jeder Seite der Pappel erheben sich zwei schwarze Berge. Auf seinem Schulweg sieht Markus bei klarem Wetter Schneeberge, nicht aber solche schwarzen Hügel. Sie scheinen zwar die Pappel an ihrer Entfaltung keineswegs zu hindern, aber doch liegen sie wie ein Riegel, der beengend, jedenfalls trennend wirkt, unverrückbar da. Die Berge kennt Markus vorwiegend vom Skifahren her. Seine Eltern fahren jeden Winter mit den beiden Kindern in die Skiferien, alle Familienmitglieder sind leidenschaftliche Fahrer. Markus eifert auch hierin seinem Vater nach und versucht ihn – laut den Schilderungen seiner Eltern – jeweils für Augenblicke ganz für sich allein zu haben.

Dieser Idylle ist im vergangenen Winter durch eine medizinische Diagnose ein jähes Ende gesetzt worden. Beim Vater wurde ein Herzfehler diagnostiziert, der ihn zu äußerster Schonung zwingt. So sind die gemeinsamen Bergerlebnisse für Markus ein für allemal vorüber. Prognostisch wird dem Vater zudem vom Arzt eröffnet, daß ihm aller Wahrscheinlichkeit nach nur noch eine kurze Lebenszeit gewährt sei.

Zum erstenmal seit Beginn der Therapie vor vier Monaten äußert sich Markus im Bild und danach auch verbal zu dieser schwer belastenden Situation, die ihn um so mehr trifft, als er all seine Karten auf den Vater gesetzt hat. Der Himmel mit den beiden Rot verkündet nicht den Sonnenaufgang, er scheint vielmehr zu brennen und drückt damit Markus' Verzweiflung und Wut auf das Schicksal aus. Er klammert sich noch mehr an den Vater, in der irrealen, kindlichen Vorstellung, so könne er ihm nicht genommen werden. Gleichzeitig weiß sein Verstand, daß der Vater sterben wird. Zwischen Tränen und Wut malt er noch eine rote Sonne, die er mit einem Streifen von blauem Himmel umgibt: Es brennen Himmel und Sonne – was durch den blauen Streifen nur noch verdeutlicht wird. Die gesamte gedankliche Welt des Jungen ist von Schrecken und Wut erfüllt, er glüht vor Aggressivität. Er malt sich aus, wen und was alles er zusammenschlagen möchte, nur um den Vater zu retten.

Das Bild hat Signalcharakter. Jetzt, da Markus erstarkt, da die seelischen und physischen Wachstumskräfte neu einsetzen und ihn in seiner Entwicklung vorandrängen, droht ihm der unverständliche Verlust des Vaters, seines Vorbildes. Verrät die Zeichnung, daß sich der junge Mensch trotz aller Verzweiflung nicht bremsen läßt?

An dieser Stelle drängt sich ein Blick zurück zur Familienzeichnung auf: Hat Markus schon dort seinem Leiden um den Vater Ausdruck verliehen, bevor er überhaupt davon sprechen konnte? Dadurch, daß er den Vater-Affen in sportlicher Manier an der Turnstange hängend zeichnete, hat er wahrscheinlich versucht, die Realität der vernichtenden ärztlichen Diagnose und Prognose ungeschehen zu machen und zu verdrängen. Denn es versteht sich von selbst, daß der Vater seither dieses körperliche Training hat fallen lassen. Aber erst jetzt, da Markus diese schwarzen Berge in Zusammenhang mit der Darstellung seiner momentanen Entwicklung malt, die sich vor allem im Hochformat, im Motiv der Pappel und in der Farbenwahl zeigt, kann er seine Ängste um den Vater auch verbalisieren. Im Darstellungsprozeß der eigenen Stärkung und Expansion kommen auch die bedrohlichen Kräfte zum Durchbruch: Markus ist stark genug geworden, um sich mit der Bedrohung, die der Verlust des Vaters für ihn bedeuten wird, auseinanderzusetzen.

Bald darauf entsteht ein neues Bild, das der veränderten Situation Ausdruck verleiht. Markus malt mit Fingerfarben den griechischen Meeresgott Poseidon (Abb. 14).

In den Mythen, so auch im Mythos des Poseidon, begegnen wir, wie in den Volksmärchen, den Urgründen der menschlichen Seele. Sie geben Urformen menschlichen Handelns, Fühlens, Erlebens wieder, in ihnen findet sich Archetypisches, wie C. G. Jung es genannt hat. Daher enthalten Märchen und Mythen einen Schlüssel zum Verständnis der Seele.

Poseidon ist der Gott des Meeres. (Als Atrribut wird ihm das Pferd zugesellt, welches bei den Griechen seit ältesten Zeiten in Beziehung zu den Quellen stand. Da Markus aber diesen Aspekt nicht darstellt, gehe ich darauf nicht weiter ein.) Poseidon ist von seinem Vater Kronos verschlungen und später wieder ausgewürgt worden. Zusammen mit seinen Brüdern Zeus und Hades teilt er sich in die Herrschaft über die Welt, ist dabei aber immer wieder in zahlreiche Streitigkeiten verwickelt. So hat er unter anderem die Titanen siegreich bekämpft und ist von den Zyklopen mit dem erderschütternden Dreizack beschenkt worden. Der Dreizack als sein Wahrzei-

Abb. 14. Markus: Poseidon (Selbstdarstellung)

chen ist Symbol seiner Macht und weist gleichzeitig auf die drei Brüder und deren Macht hin. Poseidons Element ist das Wasser, insbesondere das Meer, das durch seine ständige Bewegung und seine Tiefe Symbol des Lebens, seiner Bewegtheit und Unergründlichkeit ist. Poseidon kann dank seiner gewaltigen Kraft die Wogen des Meeres immer wieder bändigen; so spiegelt sich in seinen Zügen ein endloser Kampf wider. Er wird daher oft als zorniger, aufbrausender Koloß dargestellt: »Als Herrscher über das Meer und die Flüsse verkörpert er den Meister, das Auf und Ab der Wellen, verstanden als das Auf und Ab des menschlichen Lebens. Der Sturmflut des Wassers entspricht die Flut der menschlichen Leidenschaften, der Liebe und des Zornes. Die sich immer wieder aufbäumenden Wogen des Meeres und der Leidenschaften zu beruhigen, ist seine ewige Aufgabe.« (Bauer, S. 151f)

Poseidon gefällt Markus am besten von allen griechischen Göttern, die er kennt – und er kennt viele. Die Mutter erzählt den beiden Söhnen seit einiger Zeit griechische Götter- und Heldensagen, was Markus mit großer Begeisterung aufnimmt. Mit Poseidon verbindet ihn nicht nur Sympathie, er verehrt ihn auch als einen Helden, dem er nacheifert. Poseidon ist an die Stelle des Gauners getreten, er hat den negativen Helden abgelöst.

Markus malt nur das Gesicht des Meergottes, annähernd in der Mitte am oberen Bildrand. Er umreißt es mit wilden schwarzen Haaren und einem riesigen gelben Bart. In die weiße Fläche setzt er rote Augen, Nase und Mund. Kraftvoll blickt er den Betrachter an, das Gefühl erweckend, daß er die Szene beherrscht. War im Bild vorher das Schwarz an die recht stereotyp gemalten Berge gebunden, so scheint es hier in der Mähne des Gottes in Bewegung geraten zu sein. Ist Markus aus seiner depressiven Resignation, aus der Verdrängung seiner Not in agierende Wut geraten? Das kräftige,

Abb. 15. Markus: Israel I
Abb. 16. Israel II

ungebrochene Rot ist bekanntlich nicht nur Ausdruck von Liebe und emotionaler Wärme, es ist ebenso die Farbe der Revolution, jenes aktiven, oft blutigen Kampfes, der das Alte gewaltsam zu Fall bringt, um neue Ideen zu verwirklichen.

Die direkte Aggressivität ihres Sohnes zu ertragen, ist für die Eltern nicht immer leicht, denn dies haben sie bis dahin an ihrem Ältesten nicht erlebt. Ihr Einfühlungsvermögen in seine innere Auseinandersetzung ermöglicht ihnen jedoch, sich der Konfrontation, vor allem auch der Infragestellung durch das Kind zu stellen. Markus hat dadurch jetzt ein Gegenüber, das ihn nicht mehr zum Rückzug zwingt, obwohl er noch lernen muß, Kämpfe tatsächlich bis zum Ende auszutragen. Bis vor kurzem hat er sich aufgrund seiner frühkindlichen Erfahrungen nicht auf Auseinandersetzungen eingelassen, um sich vor Enttäuschungen zu schützen.

Wie gewaltig es in ihm tobt, hat er im Meer zum Ausdruck bringen können. Es genügt nicht, dieses einfach blau zu malen; Rot (wie schon im Gesicht) wird gebraucht. Es ist, als ob die ganze angestaute Wut von links oben her ins Bild brause und sich dann allmählich im Wasser auflöse. Der Kopf des Poseidon, insbesondere dessen gelber Bart, der farblich ganz dick aufgetragen ist, wirkt wie ein Bollwerk gegen den Ansturm dieser Aggressivität. Die Poseidon-Figur scheint es tatsächlich in der Hand zu haben, diese hervorzuholen und einzusetzen, denn sie selbst hat ja ebenso feurige Sinnesorgane. Die Leuchtkraft des Gelb, das in der Psychologie gern mit der erleuchtenden Bewußtwerdung in Verbindung gesetzt wird, zieht sich durch das ganze Wasser hindurch: Die Kraft, die von der Figur ausgeht, ertrinkt nicht in den Wogen des unendlichen Meeres. Sie läßt sich von ihnen nicht verschlingen, sie thront vielmehr über ihnen.

Das saftige Grün der Wiese auf dem vorausgegangenen Bild hat Markus noch vor dem Rot hingemalt und damit den Poseidon umrahmt. Drückt er auf diese Weise aus, daß trotz des grundlos tiefen Wassers der Boden, das heißt der Halt, nicht verlorengegangen ist?

Einen Kampf ficht der Junge zum Schluß auf dem Bild aus, als er rechts unten groß und schwungvoll sein Monogramm mit den Fingern hinmalt. Er ist damit nicht zufrieden und verwandelt es in den Dreizack. Wünscht er sich dieses Attribut von Macht und Stärke, um sich selbst, vor allem aber seiner Umwelt zu demonstrieren, was für ein Kerl er geworden ist? Hat er noch Mühe, dazu zu stehen, oder spürt er ganz unbewußt, daß er sich da etwas vormacht: Macht anstelle von Ohnmacht? Wütend, weil es ihm nicht gelingt, das auszudrükken, was er will, verschmiert er schließlich den »Monogramm-Dreizack« und zeigt durch dieses Vorgehen möglicherweise seine Unfähigkeit, sich damit auseinanderzusetzen, wie es im zweiten Kapitel bei Elisabeth ausführlich dargestellt worden ist (S. 39 ff). Allerdings kann das Auslöschen in diesem Fall auch anzeigen, daß der Kampf um die Allmacht beendet wird.

Das Bild ist fertig, Markus ist erregt. Wir legen das Bild auf den Boden, er geht hin und her, läuft aus dem Zimmer und sagt schließlich ganz aufgeregt: »Das ist gar nicht Poseidon, das bin ich!«

Hier vollzieht sich das gleiche wie schon bei Michael (S. 23): Im Gemalten erkennen sich die beiden Jungen plötzlich selbst. Zeichnen und Malen kann somit zum direkten Mittel der Bewußtwerdung und Selbsterkenntnis werden.

Nun nimmt Markus ein neues Blatt, greift mit mehreren Fingern zugleich in die verschiedenen Farbtöpfe und schmiert Farbe über Farbe auf das Papier. Es entsteht ein regelrechter »Farbberg«; mit beiden Händen fährt er durch die Farben auf dem Papier und kleckst immer noch mehr Fingerfarbe darauf. Ich lege ihm noch mehr Papier hin, er macht weiter und weiter. Plötzlich drückt er seine beiden Hände mit gespreizten Fingern ganz fest in die inzwischen außerordentlich dick gewordene Farbschicht, reißt sie los und drückt sie mindestens ebenso kräftig auf ein leeres Blatt. Dadurch entsteht der Abdruck seiner Hände; er schaut hin, wird auf einmal ganz ruhig und wirkt wie ergriffen, als er zu mir sagt: »Sehen Sie meine Hände? Das sind meine Hände.«

Am Ende dieser Therapiestunde wagt er zum erstenmal, nach dem Händewaschen mein Handtuch zu benutzen. Sein Vater holt ihn ab, er springt ihm in Riesensätzen das lange Treppenhaus hinunter davon zum Auto.

Schade, daß wir Erwachsenen uns kaum mehr so spontan von uns überwältigenden Gefühlen davontragen lassen können!

In einer späteren Sitzung malt Markus noch einmal ein Fingerfarbenbild. Die Familie wird die bevorstehenden Ferien in Israel verbringen. Die Mutter erzählt ihren Kindern zur Vorbereitung dieser Reise von der Geschichte des jüdischen Volkes. Markus ist davon tief beeindruckt, immer wieder berichtet er auch mir davon. Und einmal will er diese Geschichte malen (Abb. 15).

Mit dem Braun und Schwarz will er Verfolgung und Ausrottung des Judentums aufzeigen. Der grüne Farbzug mit den roten und gelben, außerordentlich dick aufgetragenen Tupfen soll das jüdische Volk darstellen, das sich der Gefahr entwindet und teilweise – ganz am rechten Bildrand – ihr schon entronnen ist. Sofort malt er daran anschließend ein zweites Bild, das den Aufbau Israels darstellt: Der braunschwarzen Gefahr eben entronnen, breiten sich große Farbflecken, verschiedene Volksgruppen darstellend, auf der rechten Blatthälfte, die das neue Land verkörpern soll, aus (Abb. 16).

Daß Markus hier seine eigene Geschichte und damit seine eigene Einengung, sein eigenes Bedrohtsein sowie sein eigenes Freiwerden darstellt, ist dem Jungen selbst nicht bewußt. Er projiziert seine eigene Lebensgeschichte auf diejenige des jüdischen Volkes.

Zum erstenmal taucht auf einem Bild bei Markus das Braun in so großer Menge auf: Braun ist die Farbe der Erde, damit auch des Mütterlichen. Bei Markus verbindet es sich noch mit dem Schwarz, was die Dunkelheit, das Höhlenähnliche – eben das Gefangensein – zur unausweichlichen Realität werden läßt. Das braun-schwarze Gebilde erinnert in der Form an einen Uterus: Der Junge ist über lange Jahre hinweg der Gefangene seiner Mutter gewesen. Jetzt reifen in ihm Kräfte, die das Gefühl eigener Lebensberechtigung hervorrufen. Er beginnt sich zu wehren, indem er sich aus der Umschließung herauszukämpfen versucht.

Rot, Gelb und Blau sind die drei Primärfarben; aus der Mischung von Gelb und Blau entsteht Grün; Rot und Grün, Gelb und Blau sind Komplementärfarben. Die Farben, die das Kind zu seiner Selbstdarstellung verwendet, bilden die Grundlage aller Farben und ergänzen sich gleichzeitig gegenseitig. Nicht nur ein Teil des Jungen, nein, der ganze Junge scheint sich zu retten. Aus eigener Kraft reißt er sich los; die Bewegung geht deutlich nach rechts hin. Damit drückt das Kind, natürlich ihm nicht bewußt, aus, daß es sich eine Zukunft aufbaut. Markus ist dem narzißtischen Rückzug auf sich selbst entronnen: Seine Gefühle für sich, für seine eigene Wichtigkeit, für seine eigene Lebensberechtigung und damit für die Realität sind erwacht und schaffen sich Raum.

Mit diesem Durchbruch zum Leben hat diese Psychotherapie ihre Aufgabe erfüllt.

Nachwort

Was wir nicht sofort verstehen, beachten wir oft nicht weiter. So lassen wir manchmal ein Kind einfach reden, ohne ihm direkt zu antworten, ohne auf das einzugehen, was es sagt, denn es spricht nicht die Sprache des Erwachsenen. Wir müßten uns oft bemühen, seine Sprache zu verstehen. Das ist anstrengend. Vor allem aber stellt es uns in Frage, weil wir oft nur unsere Art, sich auszudrücken, als die richtige tolerieren. Und wer läßt sich schon gern in Frage stellen? Leicht verfallen wir kindlicher Ausdrucksweise gegenüber in eine abwertende Haltung, die uns dann gestattet, das Kind nicht ganz ernst nehmen zu müssen oder uns sogar über seine Art lustig zu machen.

Noch deutlicher läßt sich dieser Vorgang gegenüber Kinderzeichnungen beobachten. In verschiedenen Phasen seiner Entwicklung zeichnet das Kind besonders viel. Es teilt sich auf diese Weise mit; es verarbeitet so, was es neu entdeckt und gesehen und was es erlebt hat; es stellt so dar, was es denkt. Seine Kritzeleien und Zeichnungen sind meist noch schwerer verständlich als seine Worte. Um so mehr Einfühlungsvermögen brauchte es daher vom Erwachsenen, Mitteilungen – und diesen Charakter haben Kinderzeichnungen eigentlich immer – zu verstehen und entsprechend darauf zu reagieren. Nun ist es bekanntlich so, daß die wenigsten Erwachsenen selbst noch zeichnen und auch deshalb der bildnerischen Sprache entfremdet sind. Daher findet hier meist eine sehr starke Abwertung statt, indem diese Zeichnungen als Phantasiegebilde abgetan werden, denen nicht weitere Beachtung zu schenken ist. In seltsamem Kontrast dazu steht die Tatsache, daß sehr viele Mütter die Zeichnungen ihrer Kinder zumindest aus der Vorschul-, oft auch aus der ersten Schulzeit sorgfältig aufbewahren. Aber eine direkte Antwort auf seine Zeichnungen bekommt das Kind meist auch von diesen Müttern nicht. Die meisten von ihnen fühlen sich einer solch direkten Aussage nicht gewachsen, sie verstehen sie nicht, spüren aber, daß das Wesen ihres Kindes dahintersteht.

Interessant scheint mir in diesem Zusammenhang die Tatsache zu sein, daß es in der darstellenden Kunst eine Stilrichtung gibt, die »Naive Kunst« genannt wird: Hier wird die spontane Ausdrucksweise des Kindes auf Erwachsenenebene imitiert. Diese Art von Bildern spricht viele Menschen an, sie werden durch die scheinbar unverstellte Art der Darstellung angerührt. Diese Künstler werden zwar naiv genannt, die Spontaneität der direkten kindlichen Aussage ist ihnen jedoch nicht eigen. Sie stilisieren, während das Kind unverblümt, eben direkt darstellt.

Wer das Kind verstehen will, muß seine Sprache verstehen können. Das ist oft mühevoll, aber dann unausweichlich, wenn wir wieder Einblick in die Welt erhalten wollen, der wir vor vielen Jahren entwachsen sind. Ohne diesen Einblick und dieses Verständnis ist Kindertherapie nicht möglich. Auch die Interpretation ihrer Bilder setzt dieses Verständnis voraus.

Es ist für den Erwachsenen leichter, seinesgleichen zu verstehen. Er lebt in einer anderen Welt als das Kind. Das Kind kann aber nicht wählen, es wird mit »seiner Welt«, seinen Auffassungsmöglichkeiten und seiner Erlebnisweise einfach in die Welt des Erwachsenen gesetzt. Da es noch ganz abhängig ist, lebt es in einer Situation, in der beispielsweise Aggressionen noch unmittelbar zerstören und gewisse Dinge (der Erwachsenen) tödlich sein können. Es muß in einer Welt von »Riesen« und mit viel Unverständlichem leben lernen, während es für sich genommen noch in einer Welt des Zaubers und der magischen Bezüge lebt. Eine Realitätsprüfung hat es noch nicht; es kann noch nicht einschätzen, wie reale Abläufe vorgehen, was real möglich ist.

In der Kindertherapie gilt es daher, nicht nur die Welt des Kindes zu verstehen, sondern ebenso die Welt des Erwachsenen. Denn zwischen beiden findet eine ständige Interaktion statt. Kindertherapie ohne Einbeziehung der erwachsenen Bezugspersonen ist immer einseitig und kann nicht zum Ziel führen, weil das Kind per definitionem noch abhängig ist. Daher setzt Kindertherapie immer auch Erwachsenentherapie voraus; sonst geht sie an den Grundbedingungen realer kindlicher Existenz vorbei und kann nicht ernst genommen werden.

Da das Zeichnen eines der wichtigsten schriftlichen Ausdrucksmittel des Kindes ist, kommt Kindertherapie nicht ohne Zeichnungen aus. Es scheint mir selbstverständlich zu sein, daß diese ein unentbehrliches Hilfsmittel in der Arbeit mit dem Kind sind. Allerdings scheint es mir ebenso wichtig zu sein, sich deren Interpretation nicht zu leicht zu machen. Deren Aussagen sind oft vielschichtig – nur vordergründige Beobachtungsweise führt zu oberflächlichen, oft sogar falschen Schlüssen.

Kindertherapie hat das Ziel, Fehlentwicklungen zu erkennen und Hilfe anzubieten, damit diese aufgehalten und in Zukunft so weit wie möglich vermieden werden können. Fehlverhalten zeigt sich oft nicht direkt im Gespräch mit dem Kind, sondern meist viel deutlicher in seinem Handeln, also im Spielen und Darstellen. Die Ursachen, die zum Fehlverhalten und damit zu den seelischen Konflikten des Kindes führen, liegen größtenteils im gestörten Umgang des Erwachsenen mit dem Kind, das seinerseits entsprechend darauf reagiert. Der Einblick in die Interaktion Erwachsener–Kind und umgekehrt bildet einen direkten Einblick in die Entstehung neurotischer Entwicklungen. Und damit fällt dem Kindertherapeuten die Aufgabe zu, solche Entwicklungen relativ früh aufzuhalten und in gesunde Bahnen zu lenken.

Die vier Beispiele dieses Buches vermitteln Einblick in die Art und Weise, wie diese Arbeit vorwiegend aufgrund von Zeichnungen geleistet werden kann; allerdings ist sie nur dann erfolgreich, wenn zumindest ein Elternteil aktiv am therapeutischen Prozeß beteiligt ist und der andere diesen Prozeß nicht stört und wenn die Zeichnungen in umfassender Weise vom Analytiker oder Therapeuten verstanden, interpretiert und innerhalb des psychischen Geschehens, das im Kind abläuft, gesehen werden können. Es wurde allerdings bewußt darauf verzichtet, archetypische Hintergründe und Symbolzusammenhänge hinter dem Schicksal des Kindes und der Familieninteraktion darzustellen. Denn derartige Zusammenhänge sind für den Alltag des betroffenen Kindes irrelevant. Der Jungsche Analytiker weiß jedoch darum. Es gelingt ihm daher, für sich das Einzelgeschehen in den größeren Zusammenhang seelischer Abläufe zu stellen. Das kann ihm zur Überprüfung seines eigenen therapeutischen Vorgehens sowie bei der Prognosestellung eine Hilfe sein.

Literatur

Dictionnaire des Symboles (4 vol.), Jean Chevalier / Alain Gheerbrant. Ed. Seghers et Ed. Jupiter, Paris 1973.
Lexikon der Symbole, Bauer, Wolfgang / Dümotz, Irmtraud / Golowin, Sergius. Fourier Verlag, Wiesbaden 1980.
Wörterbuch der Symbolik, Lurker, Manfred. Kröner Verlag, Stuttgart 1979.
Schliephacke, Bruno P.: Bildersprache der Seele. Lexikon zur Symbolpsychologie. Telos Verlag, Berlin 1979.

Arnheim, Rudolf: Zur Psychologie der Kunst. Kiepenheuer & Witsch, Köln 1977.
Bach, Susan: Spontaneous Paintings of Severely Ill Patients. Acta Psychosomatica No. 8, Documenta Geigy, Basel 1969.
Bader, Alfred (Hrsg.): Geisteskrankheit, bildnerischer Ausdruck und Kunst. Verlag Hans Huber, Bern 1975.
Bader, Alfred / Navratil, Leo: Zwischen Wahn und Wirklichkeit. Bucher Verlag, Luzern und Frankfurt 1976.
Benedetti, Gaetano: Psychiatrische Aspekte des Schöpferischen. Vandenhoeck & Ruprecht, Göttingen 1975.
Biniek, Eberhard: Psychotherapie mit gestalterischen Mitteln. Wissenschaftliche Buchgesellschaft, Darmstadt 1982.
Bowlby, John: Trennung. Psychische Schäden als Folge der Trennung von Mutter und Kind. Kindler Verlag, München 1976.
Erikson, Erik H.: Identität und Lebenszyklus. Suhrkamp Verlag, Frankfurt am Main 1966.
Fordham, Michael: Das Kind als Individuum. Reinhardt Verlag, München und Basel 1974.
Franzke, Erich: Der Mensch und sein Gestaltungserleben. Vorwort von R. Battegay. Verlag Hans Huber, Bern 1977.
Frieling, Heinrich: Farbenlehre. Albrecht Philler Verlag, Minden 1978.
Frieling, Heinrich: Mensch und Farbe. Heyne Verlag, München 1972.
Gmelin, Otto F.: Mama ist ein Elefant. Die Symbolwelt der Kinderzeichnungen. Deutsche Verlagsanstalt, Stuttgart 1978.

Grempel, Franz: Reifungskrisen des Kindes in Traumanalyse und Märchenwelt. Otto Müller Verlag, Salzburg 1975.
Jacobi, Jolande: Vom Bilderreich der Seele. Walter Verlag, Olten und Freiburg 1969.
Kadinsky, David: Die Entwicklung des Ich beim Kinde. Verlag Hans Huber, Bern 1964.
Koch, Karl: Der Baumtest. Verlag Hans Huber, Bern 1969, 4. Aufl.
Kraft, Hartmut: Die Kopffüßler. Eine transkulturelle Studie zur Psychologie und Psychopathologie der bildnerischen Gestaltung. Hippokrates, Stuttgart 1982.
Leuner, Barbara: Psychoanalyse und Kunst. Die Instanzen des Inneren. Verlag DuMont Schauberg, Köln 1976.
Lüscher, Max: Farb-Form-Test. Color-Test-Verlag, Luzern 1979.
Mallet, Carl-Heinz: Das Einhorn bin ich. Das Bild des Menschen im Märchen. Hoffmann und Campe, Hamburg 1982.
Meierhofer, Marie / Keller, Wilhelm: Frustration im frühen Kindesalter. Verlag Hans Huber, Bern 1970.
Mosimann, Walter: Kinder zeichnen. Verlag Paul Haupt, Bern 1979.
Neumann, Erich: Das Kind. Struktur und Dynamik der werdenden Persönlichkeit. Verlag Adolf Bonz, Fellbach 1980.
Riedel, Ingrid: Farben. In Religion, Gesellschaft, Kunst und Psychotherapie. Kreuz Verlag, Stuttgart 1983.
Spitz, René A.: Die Entstehung der ersten Objektbeziehungen. Klett Verlag, Stuttgart 1973.
Stahel, Nelly: Das Erkennen seelischer Störungen aus der Zeichnung. Eugen Rentsch Verlag, Erlenbach 1977.
Symposium »Das Kind«: Kurzreferate. C. G. Jung-Institut Zürich, Küsnacht 1983.
Widlöcher, Daniel: Was eine Kinderzeichnung verrät. Kindler Verlag, München 1974.

So schützen Sie Ihr Kind:

Ein praktischer Ratgeber für verantwortungsbewußte Eltern und alle anderen, die mit Kindern über die Fülle von Problemen sprechen wollen, mit denen sie konfrontiert sein können: sexueller Mißbrauch, Drogen, Alkohol, Schlägereien, AIDS, Pornografie, Spielhöllen. Michele Elliott gibt zahlreiche Tips, die die faktische Verhütung von Gefahren zum Ziel haben: Gespräche mit Kindern über das Nein-Sagen, über notwendige und gefährliche Geheimnisse und über Möglichkeiten, sich selbst zu verteidigen.

> Michele Elliott
> **So schütze ich mein Kind**
> vor sexuellem Mißbrauch, Gewalt und Drogen
> *200 Seiten, kartoniert*

Inzest ist Seelenmord.

Die Autorin setzt sich mit den verschiedenen Möglichkeiten der Therapie mit Inzestbetroffenen auseinander und stellt dabei auch die brisante Frage, warum Inzestopfer so häufig von ihren Therapeuten erneut mißbraucht werden. In der Therapie, so Ursula Wirtz, geht es um die Suche nach der gemordeten Seele, nach dem wahren Selbst.

> Ursula Wirtz
> **Seelenmord**
> Inzest und Therapie
> *290 Seiten, einige Schwarzweiß- und Farbabbildungen, kartoniert*

KREUZ: Bücher zum Leben.

Kinder und Tod.

An zahlreichen Beispielen macht die Autorin deutlich, wie anders als wir Erwachsenen Kinder ihre Krankheit und ihr Sterben erleben. Sie haben ein inneres Wissen und eine intuitive Einsicht in das Geheimnis von Leben und Tod. Für alle, die ein sterbendes Kind begleiten oder mit dem plötzlichen Tod von Kindern und Jugendlichen konfrontiert werden, ist dieses Buch eine unschätzbare Hilfe und ein großer Trost.

                        Elisabeth Kübler-Ross
                        Kinder und Tod
                        261 Seiten, gebunden